U1019392

国家级非物质文化遗产

华佗五禽戏标准教程

（54式）

周金钟　著

人民体育出版社

图书在版编目（CIP）数据

华佗五禽戏标准教程：54式/周金钟著. -- 北京：人民体育出版社, 2023（2024.5重印）
ISBN 978-7-5009-6289-2

Ⅰ.①华… Ⅱ.①周… Ⅲ.①五禽戏(古代体育)—教材 Ⅳ.①G852.9

中国国家版本馆CIP数据核字(2023)第047036号

*
人民体育出版社出版发行
北京中科印刷有限公司印刷
新　华　书　店　经　销
*
710×1000　16开本　15.5印张　273千字
2023年7月第1版　2024年5月第2次印刷
印数：3,001—5,000册
*
ISBN 978-7-5009-6289-2
定价：68.00元

社址：北京市东城区体育馆路8号（天坛公园东门）
电话：67151482（发行部）　邮编：100061
传真：67151483　邮购：67118491
网址：www.psphpress.com
（购买本社图书，如遇有缺损页可与邮购部联系）

作者简介

周金钟

- 男，1962年生，中共党员，研究生学历
- 国家级非物质文化遗产华佗五禽戏项目省级代表性传承人，皖北武术名家
- 中国健身气功协会会员，中国武术协会会员，国家级社会体育指导员，健身气功七段，中国武术六段

曾任亳州市财政局党组成员、副局长、亳州市文化旅游体育局二级调研员。现任亳州市华佗五禽戏协会主席，亳文化研究中心特邀研究员。被聘为安徽武术文化研究中心、上海中医药大学附属岳阳中西医结合医院、天津体育学院武术与民族传统体育学院、淮南师范学院、安徽老年大学、安徽亳州技师学院、亳州学院、亳州职业技术学院、亳州工业学校等多家客座教授。2016年9月，当选中共亳州市第四次党代会代表，2017年11月，被评为“大国徽匠·匠心人物”。2016年8月，教育部批准成立“周金钟华佗五禽戏大师工作室”落户亳州职业技术学院。为制定《国家级非物质文化遗产 华佗五禽戏 54式动作规范》《国家级非物质文化遗产 华佗五禽戏 13式动作规范》《国家级非物质文化遗产 华佗五禽戏 26式动作规范》地方标准的主笔起草人。

周金钟先生出生在武术之乡亳州，自幼喜爱武术。2007年9月29日，从华佗五禽戏第57代掌门人董文焕手中接过衣钵成为第58代掌门人，2007年11月，周金钟表演的华佗五禽戏被国家体育总局收录《中华武藏》。周金钟组织华佗五禽戏申报国家级非物质文化遗产，于2011年5月经国务院批准（国发〔2011〕14号）入选第三批国家级非物质文化遗产名录。2013年1月，周金钟表演的华佗五禽戏被收录入文化部国家级非物质文化遗产《全国文化信息资源共享工程》。为亳州申报“中国五禽戏之乡”“全国药膳之都”“中国五禽戏传承地”“国际健身气功五禽戏之都”“华佗五禽戏成为国家公共文化服务体系示范项目、海外中国文化中心资源库项目”作出积极贡献。

周金钟著作《传统华佗五禽戏》《传统华佗五禽戏26式》由人民体育出版社出版，经全国新华书店发行，被国家图书馆、安徽图书馆收藏。曾多次承担政府课题，发表多篇论文，荣获学术论文奖和运动赛事大奖百项。华佗五禽戏倍受新闻媒体的关注，央视多次专题报道，报刊多次报道传承事迹。在德国、美国、英国、日本、韩国、泰国、新加坡、法国、马来西亚、丹麦等几十个国家及中国港澳台地区进行了交流，受众者已达数百万人。

2011年5月，华佗五禽戏
入选国务院第三批
国家级非物质文化遗产名录

2006年12月，华佗五禽戏被
安徽省人民政府批准
“省级非物质文化遗产”

2012年9月，中国健身气功
协会授予亳州
“中国五禽戏之乡”

2016年9月，中国健身气功协会授予亳州“中国五禽戏传承地”

2017年9月，国际健身气功联合会授予亳州“国际健身气功五禽戏之都”

2018年9月，国际健身气功联合会授予亳州学院“国际健身气功五禽戏研究院”

2015年3月，安徽省文化厅授予亳州市传统华佗五禽戏俱乐部“安徽省非物质文化遗产传习基地”

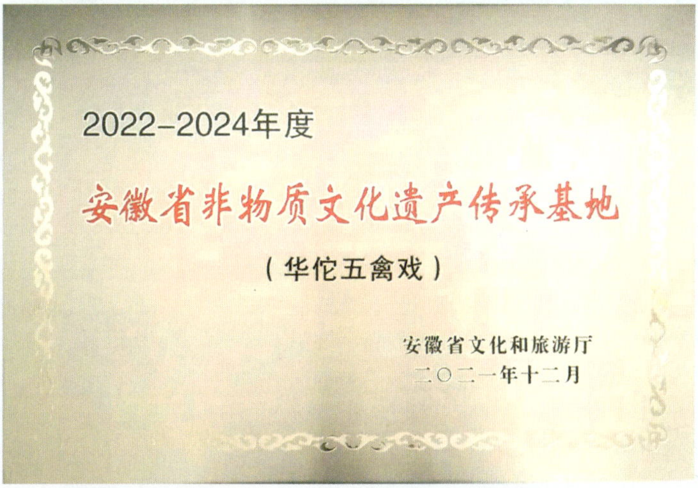

2021年12月，安徽省文化和旅游厅授予亳州市传统华佗五禽戏俱乐部“安徽省非物质文化遗产传承基地（华佗五禽戏）”

2015年3月，安徽省文化厅命名周金钟为省级非物质文化遗产项目（华佗五禽戏）代表性传承人

2012年12月，中华人民共和国文化部命名董文焕为国家级非物质文化遗产项目华佗五禽戏代表性传承人

2017年11月，周金钟被安徽省旅游发展委员会和共青团安徽省委员会评选为“大国徽匠匠心人物”

序

光阴荏苒，认识周金钟已经30多年了。作为华佗五禽戏第58代传人、掌门人、国家级非物质文化遗产华佗五禽戏项目省级代表性传承人，周金钟工作之余，数十年如一日执着于华佗五禽戏的传承、保护和挖掘工作，使五禽戏在亳州绽放异彩，成为一张靓丽名片。

亳州是国家历史文化名城、中国优秀旅游城市、国际健身气功五禽戏之都、中国五禽戏之乡、中国长寿之乡、中国武术之乡，是中华民族古老文化的发祥地之一。人文荟萃，英才辈出，帝喾、商汤、老子、庄子、华佗、曹操、陈抟、花木兰、张良、李绅等先哲名流皆生于此地。亳州历来武风昌盛，五禽戏、晰扬掌等皆创于此，为世人瞩目。特别是神医华佗创编的五禽戏，开创了我国体育医疗健身防病之先河，福泽乡里、长盛不衰。

近年来，亳州市大力弘扬地方传统文化，打造五禽戏健身养生品牌，开展五禽戏进学校、进社区、进农村、进企业、进机关“五进”活动，使之得以广泛传承与发展，习练者达数百万人。从2009年起，亳州市人民政府与国家体育总局健身气功管理中心联合举办“华佗五禽戏养生健身节”，至今已成功举办十三届。2012年，国家体育总局授予亳州市“中国五禽戏之乡”称号。这离不开华佗五禽戏传承人周金钟和他同辈们的努力和付出。

周金钟是五禽戏的忠实传承者。他自幼习武，熟练少林拳、太极拳、八卦掌等拳种。1990年春，拜师华佗五禽戏第57代传人和掌门人董文焕先生。30多年来，冬练三九、夏练三伏，在兢兢业业做好本职工作的同时，利用节假日、双休日孜孜不倦地探索、思考、实践、传播五禽戏，对五禽戏达到近乎痴迷的程度，可以说，五禽戏已经融入了他的生命。2007年9月，在亳州市体育局、市武术协会的认可及文体界诸前辈的见证下，周金钟从董文焕先生手中接过“衣钵”，成为华佗五禽戏第58代传人和掌门人。出于对家乡的热爱及对传统文化的钟情，无论在亳州本地还是出差在外，他逢人必讲五禽戏，见缝插针“现身说法”，积极宣传、推广华佗五禽戏，成为他工作之余的“大事情”和“新常态”。

周金钟是非物质文化遗产华佗五禽戏的忠诚保护者。我国非物质文化遗产保护政策出台后，周金钟倾尽全力挖掘、整理，配合文化部门做好华佗五禽戏申遗工作，2011年，华佗五禽戏被列入第三批国家级非物质文化遗产名录。周金钟编著的《传统华佗五禽戏》《传统华佗五禽戏26式》等书籍，由人民体育出版社出版，现已重印6次，成为华佗五禽戏方面的权威专著。2012年，周金钟发起成立亳州市华佗五禽戏协会，成为华佗五禽戏非物质文化遗产项目的保护单位，致力于华佗五禽戏的传承与发展，2017年被国家体育总局授予“2013—2016年度全国群众体育先进单位”。2007年，周金钟发起成立传统华佗五禽戏养生俱乐部，2015年被安徽省文化厅授予“安徽省非物质文化遗产传习基地”，又于2021年被安徽省文化和旅游厅授予“安徽省非物质文化遗产传承基地”。周金钟承担国家级政府课题6项，荣获国家级奖项30多项。2012年，被国家体育总局授予“国家级社会体育指导员”，2015年，被安徽省文化厅授予省级非物质文化遗产代表性传承人，2017年，被安徽省旅游发展委员会和共青团安徽省委员会评选为“大国徽匠 · 匠心人物”称号。2016年，教育部批准成立“周金钟华佗五禽戏大师工作室”，落户于亳州职业技术学院。

周金钟是五禽戏标准的创立者。“没有规矩，不成方圆”，说的是做任何事都要有一定的标准。在对五禽戏的传承弘扬中，周金钟也在苦苦地思索着。他深知，没有标准，五禽戏就很难走远；他也深知，开疆拓土之艰难；他更深知，弘扬优秀传统文化的意义所在。在摸索、探索、求索的基础上，2021年，他牵头对华佗五禽戏制定地方标准，获得亳州市市场监督管理局的批准并向社会发布公告（亳市监标〔2021〕35号）。华佗五禽戏标准的诞生，使华佗五禽戏的发展上升到一个新的历史高度，有力推动华佗五禽戏规范化发展，为华佗五禽戏文化产业化发展奠定坚实基础，在五禽戏发展史上具有里程碑意义。

近日，周金钟根据新华佗五禽戏标准创作的《华佗五禽戏标准教程（54式）》，给华佗五禽戏贴上“标准”的标签，助力中国非遗文化发展的规范化，这是《标准化法》在非遗文化的具体实践。新书图文并茂，把华佗五禽戏54式套路、五禽戏的渊源、五禽戏的功法特点、五禽戏与五行学说、五禽戏与中医学说等内容纳入其中，是对《传统华佗五禽戏》的厚重补充，是他多年实践总结和理论提升的集大成之作，也是他多年致力于华佗五禽戏传承与发展的工作缩影，凝结了他更多的责任和心血。

我曾无数次目睹周金钟展演五禽戏的风采，也曾与他面对面交流，被他的激情感染。如今，面对这部15多万字、沉甸甸的书稿，再次被他的执着所感动。他对华佗五禽戏的传承是有形的，贡献是实在的，成效是有目共睹的。

亳州自古人杰地，时流到今意更新。衷心祝愿五禽戏在标准化的道路上行稳致远，祝愿五禽戏为人类健康养生事业作出新的、更大的贡献。

是为序。

亳州市人大常委会主任

2022年6月19日

前　言

五禽戏是东汉著名医学家华佗在总结前人导引术的基础上，根据中医学的阴阳、五行、藏象、经络的原理，模仿虎、鹿、熊、猿、鸟五种动物的生活习性和神态创编的一套养生功法，流传1800多年。千年一戏、流传至今，为什么具有巨大生命力？就是因为五禽戏具有巨大的养生价值，故后人为了纪念华佗，称此功法为华佗五禽戏。华佗五禽戏功法具有鲜明的特征：对称练习、身心放松、松静自然、外引内导、形意兼备，刚柔相济、内外兼修、快慢相间、老少皆宜。它是肢体运动、呼吸运动，思维运动的形、神、意气相结合的复合运动，古称导引术，也叫导引吐纳术。通过肢体运动活动关节、牵引肌肉韧带、刺激经络；通过思维运动引领气血运行；通过腹式呼吸运动促进脏腑运动，达到气血畅通、自调阴阳、提高免疫力的目的。传统华佗五禽戏功法套路有热身功、华佗五禽戏13式、华佗五禽戏26式、华佗五禽戏54式等。

五禽戏发源地亳州是老子、庄子、华佗、曹操、陈抟等圣贤的出生地，是道家文化、中医药文化发祥地之一。当今亳州绽放异彩，习练五禽戏人数上百万，被授予"中国五禽戏之乡""中国五禽戏传承地""国际健身气功五禽戏之都""中国长寿之乡"等美誉。

2011年5月，华佗五禽戏被国务院列入第三批国家级非物质文化遗产名录（编号：Ⅵ-63）。2013年和2016年，周金钟根据非遗文本和国家级非遗代表性传承人董文焕先生著《华佗五禽戏》，编著了国家级非物质文化遗产《传统华佗五禽戏》《传统华佗五禽戏26式》，由人民体育出版社出版发行。

为了认真贯彻落实"保护为主、抢救第一、合理利用、传承发展"的非物质文化遗产保护工作方针，守正创新，使华佗五禽戏科学化、规范化地传承与发展，亳州市文化旅游体育局同意亳州市华佗五禽戏协会（国家级非遗保护单位）根据董文焕先生著《华佗五禽戏》和周金钟先生编著《传统华佗五禽戏》《传统华佗五禽戏26式》，立项制定华佗五禽戏功法标准，周金钟担任主笔起草人。通过一系列的法定程序，2021年12月31日，亳州市市场监督管理局发布《关于批准发布2021年第二批亳州市地方标准的公告》（亳市监标〔2021〕35号），正式发布了《国家级非物质文化遗产 华佗五禽戏 标准体系》（标准编号DB 3416/T 005—2021）、《国家级非物质文化遗产 华佗五禽戏 54式动作规范》（标准编号DB 3416/T 006—2021）[①]，于2022年3月1日实施，从此华佗五禽戏的标准化诞生。

为了开展华佗五禽戏标准化普及推广工作，周金钟根据华佗五禽戏地方标准编著《华佗五禽戏标准教程（54式）》一书，本书重点介绍华佗五禽戏54式的动作规范图解，图文并茂，附二维码可观看周金钟先生的演示视频，供广大五禽戏爱好者学习。动作要领、意境、功能作用请参照周金钟先生编著的《传统华佗五禽戏》一书。

周金钟下一步还将编著《华佗五禽戏标准教程（13式）》《华佗五禽戏标准教程（26式）》等华佗五禽戏系列丛书，敬请关注。

①亳州市市场监督管理局. 关于批准发布2021年第二批亳州市地方标准的公告［EB/OL］.［2022-01-05］. http://scjg.bozhou.gov.cn/News/show/518778.html.

目录

第一章　华佗五禽戏概论

第一节　华佗五禽戏的渊源

一、华佗“五禽戏”之“禽”字考究

《三国志·华佗传》说：“吾有一术，名五禽之戏。一曰虎，二曰鹿，三曰熊，四曰猿，五曰鸟。”据先辈们口口相传，五禽戏是东汉神医华佗在前人导引术基础上，根据虎、鹿、熊、猿、鸟五类动物的生活习性和神态，结合中医学的阴阳、五行、气血、脏象、经络等原理创编的一套养生功法。在五禽戏中仅有“鸟”属禽类，其他如虎、鹿、熊、猿四类皆属兽类，那为何竟以“五禽”命名呢？

“禽”是象形文字。甲骨文写作“X1”，上部是个网形，下部是网具的柄，像捕捉鸟兽用的有柄网形工具。金文写作“X2”，在网上加上了盖子“X3”，金文加声符“今”。小篆承接金文而来，变得复杂了，写作“X4”，本义为捕捉鸟兽的工具，后引申为捕捉对象——“鸟兽”的总称，又专指鸟类，是“擒”的初文（见下图）。

甲骨文	金文	盖子	篆文
X1	X2	X3	X4

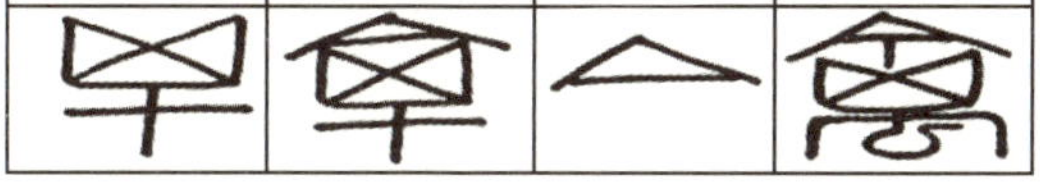

X1禽字甲骨文

X2禽字金文

《说文解字》中说："禽，走兽总名。"《白虎通》中说："禽者何？鸟兽之总名。"《礼记·月令》中说："命主祠祭禽于四方。"《列子·黄帝》中说："傅翼戴角，分牙布爪，仰飞俯走，谓之禽兽。"《周礼·庖人》中说："六禽宜为羔、豚、犊、麛、雉、鴈，凡鸟兽未孕曰禽。"《孟子·滕文公下》中说："终日而不获一禽。"汉·王充《论衡·遭虎》中说："虎亦诸禽之雄也。"以上"禽"均指禽兽的总称。

《甲骨文合集》中说："之日狩，允禽。"《战国策·燕策二》中说："两者不肯相舍，渔者得而并禽之。"这里"禽"是指捕获鸟兽的意思。

《左传·僖公三十三年》中说："外仆髡屯禽之以献。"《后汉书·张衡传》中说："一时收禽。"《资治通鉴》中说："将军禽操。"这里"禽"通"擒"，是"捕捉"的意思。

《周易·师》中说："田有禽"，这里"禽"指的是兽的总名。《尔雅·释鸟》中说："二足而羽谓之禽。" 这里的"禽"又特指鸟类。《史记·樗里子甘茂列传》中说："禽困覆车。"裴骃《集解》解释 "禽"字："譬禽兽得用急，又能抵触倾覆人车。"在这里"禽"字又特指兽类。汉时期禽兽是不分的，而对物种的分类也还不是那么细，到了唐代，"禽"大多是指鸟类了。如李白《古风》之六："代马不思越，越禽不恋燕。"

华佗五禽戏中"禽"字作鸟兽的总称之意。"禽"字是否还有其他含义呢？汉字首尾分解：人离。故"禽"字，也可以理解为"离人"，上人下离，华佗是否在告诉世人练习五禽戏时最好远离人自身固有的运动习惯，多模仿五禽的自然动作呢？因为动物在做某个动作时首先是出自本能的，这个自然动作应该有利于自身某些功能的调节。动物没有明确的思想、意识，只是出于一种对自然界的适应，本能地去做某些动作，这些本能是动物本身具有的。不论华佗对五禽戏的"禽"字是否引申了这层含义，人们在练习五禽戏时也应该尽量模仿五禽的动作和神态，以五禽的姿势、形体和神态，配合呼吸、意念，内外兼修，使身心融入自然之中，顺应自然，即养生之道。

由以上可知，华佗五禽戏中"禽"字并不是单指鸟类，而是对鸟兽的总称，至于有没有更深的寓意在里面，还是让我们在练习华佗五禽戏的过程中边练习边体会吧。

从五禽戏字面上可以理解为："五"，是指虎、鹿、熊、猿、鸟五种动物；"禽"，是指禽兽；"戏"，是指嬉戏玩耍。也就是说，人通过模仿虎、鹿、熊、猿、鸟五种动物进行嬉戏玩耍，就可以达到锻炼身体的目的。

二、五禽戏产生的文化背景及历史演化

五禽戏是东汉末年神医华佗（生卒不详，《三国志·华佗传》和《后汉书·华佗传》都没有记载，但均载，晓养性之术，时人以为年且百岁，而貌有壮容）在总结前人导引术的基础上，根据中医学基础理论的阴阳、五行、脏象、经络、气血运行的原理，结合人体生理，模仿虎、鹿、熊、猿、鸟五种动物生活习性和神态创编的养生医疗功法。他继承了前人导引术，利用吐故纳新的原理，汲取前人导引术之精华，属于气功范畴，中医学称导引术、中医气功；武术界称象形拳、动气功。经常锻炼五禽戏能强身健体，提高人体免疫能力，具有治病、防病的作用，这就是中医所说的“不治已病治未病”。五禽戏是运动养生与中医养生的有机结合，具有巨大的医疗价值，是人类体育医疗事业的一大创举。

《三国志·华佗传》载：“华佗，字元化，沛国谯人也，游学徐土，兼通数经。沛相陈珪举孝廉，太尉黄琬辟，皆不就。晓养性之术，时人以为年且百岁而貌有壮容……”他精研岐黄，一生不慕利禄，走街串巷、寻求方药，为人闻疾、行医济世。创用酒服“麻沸散”施行剖腹手术，为外科鼻祖。又创编五禽戏以养生保健，是中医“不治已病治未病”的最好手段。《素问·四气调神大论》云：“是故圣人不治已病治未病，不治已乱治未乱，此之谓也。夫病已成而后药之，乱已成而后治之，譬犹渴而穿井，斗而铸锥，不亦晚乎。”他开辟了我国体育医疗之先河，他医术精湛、医德高尚，不图名利，大爱无疆，后人颂为“神医”。

《三国志·华佗传》载：“佗语普曰：人体欲得劳动，但不当使极尔。动摇则谷气得消，血脉流通，病不得生，譬犹户枢不朽是也。是以古之仙者为导引之事，熊颈鸱顾，引挽腰体，动诸关节，以求难老。吾有一术，名五禽之戏，一曰虎，二曰鹿，三曰熊，四曰猿，五曰鸟，亦以除疾，并利蹄足，以当导引。体中不快，起作一禽之戏，沾濡汗出，因上著粉，身体轻便，腹中欲食。”华佗称五禽戏为导引术，他告诉我们为什么要练习五禽戏，应该怎么练习！

导引是呼吸运动、思维活动和躯体运动相结合的一种体育医疗方法。“导”指“导气”，导气令和；“引”指“引体”，引体令柔。外引内导，外引是指肢体运动，通过肢体运动外引伸拉筋骨，使身体变得柔软；内导是指思维运动、意念运动，通过意念、思维运动，以意领气，导引气血运行，使脏腑

和谐，达到阴阳平衡之目的。这里的“气”是指中医所说的能量物质，不单指空气，是推动气血运行的能量物质。

导引术还有一大特点，就是肢体运动要配合呼吸运动，古代又称“导引吐纳术”。呼吸就是吐故纳新，是把胸中的浊气从口或鼻中呼出，再慢慢吸入清鲜之气，从而促进机体的新陈代谢。后来人们又把这类功法称为“气功”。

五禽戏的起源可以追溯到我国远古时代。据史料记载，当时中原大地江河泛滥，湿气弥漫，不少人患了关节不利的“重腿”之症，为此，“乃制为舞、以利导之”，具有利导作用的“舞”正是远古中华气功导引的一种萌芽。早在原始时代，先民们为了表达欢乐、祝福和庆功，往往学着动物的跳跃和飞翔姿势舞蹈，后来发展成为锻炼身体的医疗方法。据《吕氏春秋·古乐篇》记载：“昔陶唐之始，阴多滞伏而湛积，水道壅塞，不行其原，民气郁阏而滞著，筋骨瑟缩不达，故作为舞以宣导之。”《吕氏春秋·古乐篇》记载的这种“舞”与模仿飞禽走兽动作、神态有关，可以在考古文物和历代文献资料中找到其依据。这段文字表明“尧”的时代已知道跳舞可以舒筋壮骨、强壮身体了。

春秋战国时期出现了一批专门研究导引吐纳的养生家，《老子》一书中记载有“吹”“呴”（嘘）等有关导引的呼吸方法。《庄子·刻意第十五》更加明确地提出：“吹呴呼吸，吐故纳新，熊经鸟申，为寿而已矣。”其中，熊经鸟申，就是对古代养生之士模仿动物姿势习练气功生动而形象的描绘。

《黄帝内经》中也记载有许多导引的内容。《素问·异法方宜论》指出：“中央者，其地平以湿……故其病多痿、厥寒热，其治宜导引按蹻。故导引按蹻者，亦从中央出也。”其意是说，当时居住在中原地区的人民，由于地处卑湿，缺乏运动，容易得肌肉痉痹等病症，而当地人用体育锻炼的方法来治疗这类疾病。《灵枢·病传篇》中写道：“或有导引行气、乔摩、灸、熨、刺、饮药之一者。”可见，我国在春秋战国时代，已将导引列为医疗中的一种方法了。

《汉书·张良传》中记载：“良从入关，性多疾，即道引不食谷。”《淮南子·精神训》中记载的导引术势有熊经、鸟伸、凫浴、援（猿）躩、鸱视和虎顾等6种名称，表明我国汉代时期导引已经在发展了。

1973年，湖南长沙马王堆三号汉墓出土的帛书《导引图》中44个不同人物的导引图示，有不少模仿动物的姿势，如“龙登”“鹞背”“熊经”，有的图虽然注文残缺，但是仍可看出模仿猴、猫、犬、鹤、燕以及虎豹扑食等形状。《导引图》中，男女数量大致各半，大致可分呼吸运动、肢体运动、器械运动、治疗功法四个方面，图中男女性别、操练内容、服饰特点都混杂相间而没有严格分类，图中人物的穿着打扮属于当时庶民阶层，这说明此图具有资料汇编的性质，源于民间，没有经过系统分类，是对先秦导引术的总结，可惜的是没有图解。《导引图》没出土以前，人们对于古代导引的了解，仅限于部分简略的文字记载和个别的图书存目。从马王堆三号墓内发掘到的《导引图》，可以真实地反映2000多年前我国汉代人民锻炼身体和防治疾病的生动情景，《导引图》的文字说明中直接提到引治疾病的项目共有12处，如“烦”“痛明”“引（耳）聋”“覆（腹）中”“引膝（膝）痛”“引项”“坐引八维”“引痹痛”“引温病”“引责（积）”“瘧厥”“引颓”等，说明导引不仅对四肢的疼痛、消化系统、五官系统的耳目，甚至某些传染病的治疗有着密切联系，给人们提供了导引疗法极为重要的实物资料。

《导引图》中有几处是描绘呼吸运动的，如“印（仰）謼”，是表示仰身鸣叫的意思，仰身时双手向后举，胸部扩张，这一动作能加强对心肺功能的锻炼。图中所注的“信”字与“呻”通，“信”字前缺一“鸟”字，“鸟呻”即是学着鸟叫的意思。“猿脖”是猿猴嚎叫的声音。“木侯（沐猴）讙引房中”，“讙”也有喧叫的意思，故这两个字，均取象于猿猴，学着猿猴仰天长啸的意思。《导引图》中画有按各种动物姿态进行锻炼的运动方式，其中除了虎势与鹿势运动因文字残缺不能确认外，其他动作，如鸟势就有“鸟信（伸）”“鹯”“鹞背”“鹤口”4种；熊势有“熊经”；猿势有“沐猴”“猿謼”，可见华佗的五禽戏与马王堆的《导引图》有一定的历史渊源关系。

以上充分说明了在汉末华佗创编五禽戏之前，如庄子的二禽戏、刘安的六禽戏、马王堆的十多禽戏等中国的仿生养生导引术非常成熟了，为什么华佗又要创编五禽戏呢？

华佗生活在战火连年、瘟疫流行、生活处于水深火热的朝代。《三国志·华佗传》和《后汉书·华佗传》载：“游学徐土，兼通数经。沛相陈珪举孝廉，太尉黄琬辟，皆不就。”华佗看到社会的现状，决然拒官，选择以医济世的道路。他刻苦钻研，学识渊博，精通内科、外科、妇科与儿科等多种医术，首创麻沸散，晓养生之道，在医疗养生方面做出了巨大的贡献。史传他年且百岁犹有壮容，身体非常健康。据传说他被曹操迫害时还是耳聪目明、满头黑发！他的弟子吴普、樊阿等都活到近百岁。

华佗是学医的，他对前人的导引术进行了归纳总结，并在继承前人导引术基础上，根据中医学的阴阳、五行、藏象、经络、气血运行的基础理论，模仿虎、鹿、熊、猿、鸟五种动物的生活习性和神态创编了养生功法——五禽戏，从此盖棺定论。五禽与五行、五脏、五腑、五官、五体、五情、五志、五华、五色等对应的关系非常清楚（见下表）。

五禽与五行、五脏、五官等对应关系

序号	五禽与五行、五脏、五腑等对应关系						
1	五禽	虎	鹿	熊	猿	鸟	五行
2	五行	水	木	土	火	金	
3	五脏	肾	肝	脾	心	肺	人体
4	五腑	膀胱	胆	胃	小肠	大肠	
5	五官	耳	目	口	舌	鼻	
6	五体	骨	筋	肉	脉	皮	
7	五津	唾	泪	涎	汗	涕	
8	五华	发	爪	唇	面	毛	
9	五志	恐	怒	思	喜	悲	
10	五神	精	魂	志	神	魄	
11	五味	咸	酸	甘	苦	辛	自然界
12	五气	寒	风	湿	暑、热	燥	
13	五色	黑	青	黄	赤	白	
14	五化	藏	生	化	长	收	
15	五季	冬	春	长夏	夏	秋	
16	五方	北	东	中	南	西	
17	五音	羽	角	宫	徵	商	
18	五常	智	仁	信	礼	义	
19	五嗅	腐、朽	臊、臭、膻	香	焦	腥	
20	五谷	豆	麦	稷	高粱	稻	
21	五数	1、6	3、8	5、0	2、7	4、9	
注：①五季是中医以四时配五行而为五季，即春属木，夏属火，长夏属土，秋属金，冬属水。②五脏还包括心包、即六脏，五腑里还包括三焦、即六腑，心包与三焦相对应。③以上列举的是人们经常听到的事物分类。							

注：以上对应关系，参考董文焕著《华佗五禽戏》和刘时荣著《古本新探·华佗五禽戏》。

中医认为的对应关系：①五气：风伤筋，暑伤气，湿伤肉，燥伤皮毛，寒伤血。②五味：酸入肝，苦入心，甘入脾，辛入肺，咸入肾。③五脏属性：肝主藏血、主疏泄、主筋，开窍于目，其华在爪；心主血脉、主神明，开窍于舌，其华在面；脾主运化（脾具有将水谷化为精微，将精微物质吸收并转输全身的生理功能）、主统血、主肌肉及四肢，开窍于口，其华在唇；肺主气、主宣发降，通调水道，开窍于鼻，其华在毛；肾主藏精、主水液、主纳气，主骨、生髓，通于脑，开窍于耳及二阴，其华在发。

五禽戏属于动气功，又属象形套路，形是形态，练形取意；态是神态，练形时表现的神态。五禽戏的“五”是数量词，并非限于五种功势或招势，是指五种动物；“禽”指禽兽，古代泛指动物；“戏”在古代是指歌舞杂技之类的活动，在此指特殊的运动方式，模仿五种动物嬉戏玩耍之意。传统华佗五禽戏有个顺口溜：虎练骨、鹿练筋、熊练脾胃、猿练心、鸟练皮毛、气贯周身！说明了五禽戏具有巨大的健身养生医疗价值。

华佗十分重视体育运动与劳动锻炼，他曾对弟子吴普说：“人体欲得劳动，但不当使极尔。动摇则谷气得消，血脉流通，病不得生，譬犹户枢不朽是也。是以古之仙者为导引之事，熊经鸱顾，引挽腰体，动诸关节，以求难老。”可见华佗已知运动能促进人体的消化、促进血液流通，正如门窗的枢纽一样，经常活动就不容易腐朽。华佗认为只要人们坚持锻炼，引挽腰肢，活动关节，可以增强体质，预防疾病，使人健康长寿。华佗还曾对吴普这样说：“五禽之戏：一曰虎，二曰鹿，三曰熊，四曰猿，五曰鸟，亦以除疾，并利蹄足，以当导引。体中不快，起做一禽之戏，沾濡汗出，因上著粉，身体轻便，腹中欲食。”据史籍记载，由于华佗坚持这种锻炼，相貌犹如童年。

华佗去世后，导引疗法并未中绝。西晋以后，各种导引专著和导引图不断出现，导引的术势和名称也更加繁多。

从史料记载可以看出，魏晋南北朝时期，华佗五禽戏有了很大的发展，各种导引专著和导引图相继出现，名目更加繁多。晋代葛洪在《抱朴子》一书中记载有“龙导、虎引、熊经、龟咽、鸟伸、猿据”等各种名称。

从现有文献资料看，最早用文字记载“五禽戏”具体动作的是南北朝时期名医陶弘景所著的《养性延命录》，其记载的五禽戏动作习练起来动作难度较大。

隋唐时期，华佗五禽戏更为流行。唐代诗人柳宗元对当时操练五禽戏情况作了生动的描述，留下了“闻道偏为五禽戏，出门鸥鸟更相亲”的诗句（《从崔中丞过卢少尹郊居》）。唐代诗人李商隐写了“海上呼三岛，斋中戏五禽。唯应逢阮籍，长啸作鸾音”的诗句（《寄华岳孙逸人》）。五禽戏的盛行带动了其他医疗技术的发展。唐代医药学家孙思邈继承华佗的医学思想，提倡适当的运动，包括五禽戏、天竺国按摩十八法等，认为这种方法，可以施用于平时，也可以用于患痛时。可见，华佗五禽戏在隋唐时期不仅用于锻炼身体，而且用来治疗多种疾病。

五代末宋初的佛道合一之人，也是养生大家，陈抟（希夷先生）在五禽戏等前人仿生养生术基础上创编了六合八法拳，拳中一大半是仿生动作，如青龙探爪、伏虎听风、鸿燕双飞、孤雁出群、野马分风等。他把人与动物的活动有机结合起来进行仿生养生锻炼，流传至今。

宋代诗人陆游写了以下诗句："门巷萧条老病侵，春晴方快又春阴。啄吞自笑如孤鹤，导引何妨效五禽。"（《春晚》）；"不动成羸卧，微劳学鸟伸"（《自立秋前病过白露犹未平遣怀》）；宋代诗人梅尧臣在《秋日属疾》写道："体羸易生疾，况乃凌秋阴。微寒薄肤腠，饮药增衣衾。一日失所治，百骸将不任。当从华氏学，聊欲为戏禽。"说明在宋代华佗五禽戏较为流行。

对华佗编创五禽戏的记载最早见于西晋时陈寿的《三国志·华佗传》："吾有一术，名五禽之戏，一曰虎，二曰鹿，三曰熊，四曰猿，五曰鸟。亦以除疾，并利蹄足，以当导引。"南北朝时范晔在《后汉书·华佗传》中的记载与此基本相同，只是对个别文字略作修饰，全段并没有太大出入。这些史书证明了华佗编创五禽戏确有其事，也是写入正史的唯一养生功法，遗憾的是仅有以上文字，未及其他，动作更无从引证。

元朝时期，由于战乱，加上少数民族统治者对中华传统养生文化不够重视，传统文化在传承与发展上受到的冲击很大，华佗五禽戏养生文化也没有得到很好的发展，更没有留下什么文献资料。

明清时期，华佗五禽戏又有了较大发展，华佗五禽戏的研究专著也有很多。影响较大的是明代周履靖的《夷门广牍·赤凤髓》，他将华佗五禽戏的动作精心绘成图案，编入《赤凤髓》一书。清代曹无极增辑的《万寿仙书·导引篇》和席锡蕃的《五禽舞功法图说》等著作中，都以图文并茂的形式，比较详细地描述了五禽戏的习练方法。这些五禽戏功法与《养性延命录》所载的功法有较大出入，"五禽"动作均为单势，排列也变为"虎、熊、鹿、猿、鸟"。但其文字说明不仅描述了"五禽"动作，而且还有神态的要求，并结合了气血的运行。这些宝贵的文献资料为后人的研究提供了重要依据。

华佗五禽戏对我国的武术影响较大。大约在明代晚期以后，"五禽戏"逐渐衰落，实际上它已被后世的各种拳术所吸收。如《拳经》里就有龙、虎、豹、蛇、鹤所谓的"五拳"；据史料记载，陈王廷根据导引术（五禽戏）创编陈式太极拳，张三丰根据华佗五禽戏创编武当太极。武术中的许多姿势招式名称，如白鹤亮翅、白猿献果、怒熊拔树、饿虎扑食、猛虎出洞、黑虎掏心、丹凤朝阳、燕子抄水等，都可以看出"五禽戏"的痕迹。明朝万历年间的坊刻书

《赤凤髓》中也有“五禽戏”的资料，清道光壬辰年（公元1832年）刻本《万寿仙书》中，也收载有“五禽戏”的资料，书中所介绍的导引姿势与马王堆三号墓的《导引图》有相似之处，可见我国古代的医疗体育一脉相承，从未中断。五禽戏发源地亳州华祖庵历年香火很旺，清朝嘉庆二年（公元1797年），时任安徽巡抚朱圭为华祖庵题写楹联：“五戏转灵枢道本皇轩仙位业，四轮消劫运功参帝释佛菩提。”18世纪晚期，“华佗五禽戏”由法国传教士Amiot传入法国，并由法国传遍欧美。

三、当代五禽戏的传承与发展

中华人民共和国成立后，国家高度重视中华民族优秀传统文化的传承与发展，尤其是古老的传统养生文化，如五禽戏、太极拳、气功疗法等都得到了蓬勃的发展。在原国家体委的领导下，把历史上流传下来的五禽戏、太极拳、八段锦等传统武术，进行了系统的梳理和规划。如人民体育出版社于1963年9月出版的《五禽戏》，书中收编了四套五禽戏并介绍了五禽戏的锻炼要领与效用。其中第一套五禽戏是周稔丰（西安体育学院）整理、第二套五禽戏是李春阳（吉林延吉中国人民解放军第二二三医院）整理、第三套是马凤阁（安徽医学院）改编、第四套五禽戏是严海改编、五禽戏锻炼要领是马凤阁编写，马凤阁和李春阳整理了五禽戏的效用。马凤阁教授改编的五禽戏是根据当时戴叶涛老中医1913年前从安徽屯溪学来的五禽戏套路基础上改编的，戴叶涛传承的五禽戏曾于1962年发表过，但是套路动作繁杂，比较难学，马凤阁经几次修改简化出的这套五禽戏相对简便易学。马凤阁等合编的《五禽戏》一书再版过多次，在日本、美国、英国以及我国香港、台湾地区都有多种版本，太平洋影音公司还将其摄制成录像带。

随着历史延革，五禽戏发展至今，已形成不少流派，每个流派都有着各不相同的风格和特点。总的来看，他们都是根据“五禽”动作，结合自身练功体验所编的“仿生势”导引功法，都是以活动筋骨、疏通气血、防病治病、健身延年为目的。其中，有的注重形、神、意、气的结合，并要求呼吸配合，意在健身强体、内外兼修，是通常所说的五禽戏；有偏重肢体运动，没有强调呼吸配合，如校园五禽戏，称之为五禽操；有仿效“五禽”神态，以内气运行为主，重视意念锻炼的内功型，如五禽气功；有以刚为主，通过拍打、按摩来治疗疾病，甚至被用于散手技击、自卫御敌的五禽拳、五禽散手、五禽戏对打等；还有以柔劲为主，讲究动作姿势优美矫健，以舞蹈形式出现的五禽舞、五禽剑、五禽扇等。

继华佗创编“五禽戏”之后，全国各地繁衍的流派虽然甚多，但都与亳州董文焕传承的五禽戏与《三国志·华佗传》记载的顺序一致，动作简便易学，整个套路主要有54个动作（其中虎戏13式，鹿戏9式，熊戏9式，猿戏10式，鸟戏13式，对称练习108式，不含起势调息、引气归元以及预备式。基本表现了五类动物的生活习性和神态），对称练习为108式，与传说的“百步汗戏”（五禽戏的另一种叫法）相吻合。其运动规律和动作特点体现了形、神、意、气的统一，符合习练者特别是中老年人运动的规律；功法符合中医理论及五禽的秉性特点，配合中医脏象学说、经络学说，既有整体的健身养生作用，又有每一戏的特定功效；动作仿效虎之威猛、鹿之安舒、熊之沉稳、猿之灵巧、鸟之轻捷，力求蕴含“五禽”的神韵，形神兼备，意气相随，内外合一。

戴叶涛老中医传承的五禽戏是皖南民间流传的，套路招数比较繁杂，与皖北董文焕传承的套路相近，从马凤阁简化后的25个动作上看，没有超出五禽戏54式的动作范围，其运动要领、编排顺序基本相同，也可以说皖南流传的五禽戏是从发源地亳州传播过去的。1984年，全国武术挖掘整理工作中，董文焕把口传心授的华佗五禽戏整理成文字，共有4个套路，即五禽戏热身功、五禽戏13式（入门套路）、五禽戏26式、五禽戏54式，上报国家体委武术运动管理中心（现国家体育总局武术运动管理中心）备案。董文焕在传统的基础上创编了五禽戏相生练习、相克练习、灵猴戏笨熊、鹤对练等4套五禽戏对练，他把整理的文稿编著成《华佗五禽戏》一书，于2002年经香港天马出版社出版。2004年，刘时荣在传承五禽戏的基础上编著的《古本新探·华佗五禽戏》经人民体育出版社出版发行。多年来人们都以董文焕传承的华佗五禽戏为正宗，并培养了以周金钟（当今华佗五禽戏掌门人、省级非物质文化遗产代表性传承人）为代表的一批传承人。

作为五禽戏发源地的亳州市，非常重视华佗五禽戏养生文化的传承与发展。亳州市委市政府依法保护、科学保护，相继出台了《关于印发亳州市健身气功五禽戏推广普及活动实施方案的通知》（亳政〔2012〕43号）、《关于加快建设文化强市的实施意见》和《关于文化与旅游融合发展的实施意见》相关规章制度，为五禽戏文化传承、保护与发展提供法律和政策支撑。并编制了《“十三五”文化改革发展规划》，将五禽戏的发展纳入亳州市经济发展规划，与国民经济融合发展。开展五禽戏进学校、进农村、进社区、进企业、进机关等“五进活动”，“十二五”期间发展五禽戏爱好者100万人，五禽戏晨练站点2000个；亳州市政府要求在“十三五”期间计划在“十二五”基础上翻一番。进入新时代，亳州市政府把华佗五禽戏推广普及活动编入“十四五”国民经济发展规划，工作正在推进中。

在董文焕先生的授权下，传承人周金钟组织华佗五禽戏申报国家级非物质文化遗产获得成功，华佗五禽戏分别于2006年12月被安徽省人民政府批准为省级非物质文化遗产，2011年5月23日经国务院批准为第三批国家级非物质文化遗产（国发〔2011〕14号、传统体育、游艺与杂技、序号1146、项目编号Ⅵ-63、申报地区或单位安徽省亳州市）。董文焕分别于2012年12月和2008年11月被文化部和安徽省文化厅分别授予国家级和省级非遗代表性传承人。2012年，国家体育总局授予亳州市“中国五禽戏之乡”称号。2015年5月，华佗五禽戏普及活动被文化部列为“全国公共文化服务体系示范项目”，同年，国家体育总局健身气功管理中心命名亳州“中国五禽戏传承地”称号。2016年，周金钟组织华佗五禽戏参与申报“国家中医药健康旅游示范区”项目，已获得国家旅游局（现为中华人民共和国文化和旅游部）、国家中医药管理局专家评审；同年8月，教育部批准成立“周金钟五禽戏大师工作室”，落户亳州职业技术学院。2017年9月，国际健身气功联合会命名亳州为“国际五禽戏之都”。2018年9月，国际健身气功联合会又成立“国际健身气功五禽戏研究院”，落户亳州学院。2018年12月，华佗五禽戏被海外中国文化中心入选“海外中国文化中心项目资源库”，对外文化宣传。

华佗五禽戏研究成果丰硕。2007年10月，董文焕和周金钟表演的华佗五禽戏被国家体育总局武术运动管理中心收录《中华武藏》；2013年1月，周金钟等传承人表演的五禽戏被文化部收录《信息资源共享工程》；同年5月，周金钟整理的“华佗五禽戏”录入非遗数据库；同年7月，周金钟著的《传统华佗五禽戏》一书，由人民体育出版社出版发行，全国新华书店经销，已成为五禽戏方面的权威专著；2016年5月，周金钟与修海燕合著的《传统华佗五禽戏26式》一书，经人民体育出版社出版发行，进一步丰富了华佗五禽戏内涵。传承人周金钟撰写的论文在国家级学术论坛上荣获9个奖项，2009年撰写的《浅谈传统华佗五禽戏》，在国家体育总局举办的首届中国健身气功博览会学术论文报告会上，被评为一等奖；2013年撰写的《浅谈华佗五禽戏的渊源》，在国家体育总局举办的首届中国国际健身气功博览会上，被评为三等奖；2014年国家体育总局在天津举办的2014年全国武术传承推广与科研战略发展研讨会上，撰写的《传统武术华佗五禽戏传承与发展研究》荣获二等奖；2017年撰写的《浅谈华佗五禽戏与药膳饮食养生》在中国药膳研究会举办的2017全国药膳养生学术研讨会上荣获最佳优秀奖。

传承人周金钟承担的国家级课题项目4项：2013年承担文化部国家级非遗《信息资源共享工程》华佗五禽戏项目以及第一批非遗数字库建设试点项目，2014年已由文化部组织验收；2013年承担的国家体育总局健身气功管理中心《浅谈华佗五禽戏的渊源》课题，在2015年经专家组鉴定验收，荣获三等奖；承担的2016年遴选教育部高职教育创新发展行动计划项目《周金钟五禽戏技能大师工作室》落户亳州职业技术学院，正在实施推进中；承担《国家级非遗·华佗五禽戏》项目入选海外中国文化中心管理系统项目库，并为安徽入库12项目的榜首，项目正在推进中。承担的市级项目1项：亳州市政府重点课题《华佗五禽戏传承与发展研究》，获得课题质量一类。参与国家级课题项目3项：《亳州五禽戏群众文化普及活动》被文化部批准为第三批创建国家公共文化服务体系示范项目；国家中医药管理局批准的上海中医科大学附属岳阳中西医结合医院《中医推拿医疗技术高级研修班》项目；国家体育总局武术运动管理中心的《中华武藏》项目。周金钟由于成绩突出，被评为“国家级社会体育指导员”、气功高级七段、中国武术六段、“皖北武术名家”等荣誉称号，2016年当选为亳州市第四届党代会代表，2017年被省旅发委和共青团安徽省委授予“大国徽匠·匠心人物”。近年来荣获奖项近百项，个人奖牌69块（金牌26块、银牌25块、铜牌18块），其中，国家级以上的奖项8项；荣获集体奖牌40多块，其中，国家级10多项。

为推动全民健身运动，1982年6月28日，卫生部、教育部、国家体委联合发出通知，把五禽戏等中国传统健身法作为在医学类大学中推广的“保健体育课”的内容之一。2001年，国家体育总局成立了健身气功管理中心，并于2003年组织专家编创了健身气功·五禽戏、健身气功·八段锦、健身气功·易筋经、健身气功·六字诀4套功法在海内外推广，从而使这项古老的体育锻炼方法得到蓬勃发展。

健身气功·五禽戏的运动规律和动作特点体现了形、神、意、气的统一，符合习练者特别是中老年人运动的规律；功法符合中医理论基础及五禽的秉性特点，配合中医脏腑、经络学说，既有整体的健身养生作用，又有每一戏的特定功效；动作仿效虎之威猛、鹿之安舒、熊之沉稳、猿之灵巧、鸟之轻捷，力求蕴含“五禽”的神韵，形神兼备，意气相随，内外合一。可以说，健身气功·五禽戏的编创与推广，是对华佗五禽戏的继承和发扬，定会为人类的健康书写灿烂的新篇章。

实践证明，常练此戏，可促进新陈代谢、平衡阴阳、调和气血、疏通经络、强身健骨、增强免疫能力、全面改善整个身体素质，人的潜能得到充分发挥，更可升华到灵性开启的层次，使心情舒畅、心态怡然。利用同样的时间和空间，采用不同的运动方式锻炼身体、做养生运动，传统华佗五禽戏与用其他运动方法比较，其养生功收效最大，已被科学和历史所证明。华佗五禽戏是经过一代一代口传心授、传承下来的宝贵财富，是华佗对人类的伟大贡献。

第二节　华佗五禽戏的传承谱系

第1代：五禽戏创始人华佗，《三国志·华佗传》记载华佗通晓养生之术，当时“年且百岁，而貌有壮容”。

第2代：吴普，广陵郡人（今江苏扬州一带），字号及生卒年不详。吴普曾经跟随华佗学医，救活了很多人的性命。他擅长五禽戏，据说活到90多岁，仍然耳聪目明，牙齿坚实。著有《吴普本草》，其书分记神农、黄帝、歧伯、桐君、雷公、扁鹊、华佗、弟子李氏，所说性味甚详，今亦失传。

樊阿（164—272），彭城人（今徐州），樊阿曾经跟随华佗学医，擅长针灸并勇于探索。据说樊阿用华佗传授的“漆叶青黏散”制药技术制药并服用，活到100多岁。

李当之，药王，三国时期著名医家。一作李珰之，为名医华佗弟子，少通医经，修神农旧经，得华佗真传，尤为精工于药学研究，尝著《李当之药录》《李当之药方》《李当之本草经》，早佚，后《说郛》中存有若干佚文。

五禽戏历经魏晋、南北朝、隋唐、宋、明、清至今1800多年，虽然年限久远，但是历朝历代都出现了五禽戏代表人物和代表作品，晋代葛洪在《抱扑子》一书中记载有“龙导、虎引、熊经、龟咽、鸟伸、猿据”；陈寿的《三国志·华佗传》：“吾有一术，名五禽之戏，一曰虎，二曰鹿，三曰熊，四曰猿，五曰鸟。亦以除疾，并利蹄足，以当导引。”南北朝时，范晔在《后汉书·华佗传》记载五禽戏和名医陶弘景所著的《养性延命录》最早用文字描述了五禽戏的具体动作；隋代巢元方的《诸病源候论》也有五禽戏记载；唐宋时代，“五禽戏”更为流行，唐代柳宗元有“闻道偏为五禽戏，出门鸥鸟更相亲”的诗句；宋代陆游诗中有“啄吞自笑如孤鹤，导引何妨效五禽”（《春晚》）；“不动成罴（罴：熊的一种，也叫棕熊、马熊或人熊，古称罴。毛棕褐色，哺乳动物，体大，肩部隆起，能爬树游水。）卧，微劳学鸟伸”（《遣怀》）。明代周履靖的《夷门广牍·赤凤髓》中，将华佗五禽戏的动作精心绘成图案，编入《赤凤髓》一书。清代曹无极的《万寿仙书·导引篇》和席锡蕃的《五禽舞功法图说》等著作中，都以图文并茂的形式，比较详细地描述了五禽戏的习练方法。以上充分说明五禽戏流传至今从未中断过，传到清朝路武举已至第53代了。

第53代：路武举，享年95岁，清朝中医名家。

第54代：王泽，享年91岁，清朝武进士。

第55代：王乃普，享年93岁，清末毅军五营统领。

第56代：谭继林，享年86岁，在王乃普手下士兵，亳州武术名师。

第57代：董文焕，享年92岁，亳州武术名师、五禽戏养生大师。

第58代：周金钟、马伟财、修海燕、哈磊、汪洋、李玉华、杨茂堂、夏克平、张小东、刘守国、孙丽、张淑云、孙华芳、赵方丽、吴坤、张睿、方俊安等，周金钟为五禽戏传承人、掌门人。

第59代：王伟、怀凯、葛素勤、董超杰、周鹏程、佟战胜、李静、王鹏、赵信、何静、李艳利、齐馨、杨边防、郭红涛、郭雨、孙文德、刘宽宽、赵丹丹、白绍阳、任振雷、魏冰辰、程飞跃、马金龙、王龙海、郑大力、宋东峰、安海龙、史东东、周筠、高亮、刘汇丰、谢荣、董长胜、刘险峰、霍瑞明、张辉、韩涛、蔡思露、孙士新、李海燕、段体军、李东、李文虎、王海帝、王海全、刘家诚、刘晓龙、安庆（贝宁共和国）、王显伟、刘东峰、付滴、康茂伟、吴寒、王玲玲、巩磊、孙慧娟、李静（马来西亚）、沈健、王立果、李登科、谢兰、张竣程、巩曼利、张明守、于亮、王子龙、张登峰、秦国琴、朱运合、吴英、黄传品、李印虎、李文华、陈文彬、张海洋、李卓然、邢欢欢、马尚清、程招兵、高睦麟、寿展鸿、尹晓彤、周月雷、赵素华、程露、何金桥、卫潇玉、张新东、田兵见、王存峰等。

第三节　华佗五禽戏的功能作用

华佗五禽戏有句顺口溜：虎练骨、鹿练筋、熊练脾胃、猿练心、鸟练皮毛、气贯周身。道出了五禽与五行、五脏的对应关系，五禽戏的功法特点有鲜明的针对性和练习的目的性。

虎练骨：虎戏主肾，动作的主要特点是活动腰部及四肢，其劲道主要是腰部带动四肢运动（腰主宰四肢），在调息上主要是意守命门穴（命门穴是肾中真阳之所，是精血之海，元气之根，水中之火，生化之源，中医学认为肾主骨又是元气之根，肾有充养骨骼的作用，肾藏精，精生髓，髓能养骨，肾精充盈，骨骼才能致密健壮，强韧有度。骨骼起支撑人体的作用，为人身之支架。骨之所以能起这样的作用，全依赖于骨髓的营养，骨髓由肾精所化生。《素问·阴阳应象大论》指出肾生骨髓、髓藏于骨腔之中，以充养骨骼，所谓“肾充则髓实”。而髓的生成，为“肾主骨”提供了物质基础。此外，牙齿和骨的营养来源相同，同样也是肾脏的精气所化生，故有“齿为骨之馀”之说。一般练习虎戏时要求意守命门穴，有强力壮骨益髓和发动肾间真气（先天气）的作用，能益气补肾，壮腰健骨。虎戏动作主要刺激肾经和膀胱经的原穴、俞穴、命门、肾俞穴等，同时牵动任脉、督脉，疏通肾经和膀胱经，改善肾脏功能。

鹿练筋：鹿戏主肝，动作舒展，以伸筋拔骨的动作为主，其劲道主要是四肢带动躯体运动。其动作主要是刺激肝经、胆经等。中医认为肝主筋、主疏泄、藏血，全身的筋膜都依赖于肝血的滋养，肝血充盛，筋膜才能强韧健壮。鹿戏能疏肝理气，舒筋活络，一般练习鹿戏时意守章门、尾闾或会阴等，引气接通任、督二脉，可奏长寿之效。

熊练脾胃：熊戏主脾，动作沉稳，其动作特点是以肩胯带动躯体和四肢运动，主要刺激的是脾经和胃经等。中医认为，脾主肌肉，全身的肌肉都要依靠脾胃所化生的水谷精气来充养，脾气健运，肌肉才能丰满、发达、健壮。肌肉的营养靠脾运化水谷精微而得。《素问·痿论》：“脾主身之肌肉。”即脾气健运，则肌肉丰盈而有活力。若脾有病，则肌肉痿缩不用。《素问·太阴阳明论》：“脾病……筋骨肌肉皆无气以生，故不用焉。”一般练习熊戏时，要求意守中脘（任脉穴、脾之募、腑之会），意随形动，形随意行，达到形意一体，起到发达四肢筋腱、肌肉，增长气力，灵活关节，强身壮体作用，并能调理脾胃，充实四肢。

猿练心：猿戏主心，动作灵巧，动作特点是抓、跳、盼、望等，主要是上肢体带动躯体运动，静动结合，动中求静，体现猿的习性。尤其是猿抓（猿勾手），主要刺激心经的神门穴和心包经的大陵穴等。中医认为，心主血脉是指心气推动和调节血脉循行于脉中，周流全身、循环不休、发挥营养和滋润作用。心主血脉包括心主血和主脉两方面，血脉指血液和脉管以及血液在脉管中的运行。这一系统的生理功能由心脏主持，是血液循环的原动力。心脏气血的虚实和病变，可影响血脉的运行；血液的盈亏，也直接影响着心脏的功能。《素问·五脏生成篇》：“诸血者，皆属于心。”《素问·痿论》：“心主身之血脉。”一般在练习猿戏时要求意守鸠尾穴，外练肢体的灵活，内抑情志的动荡，可通关达窍、醒脑、健脑、灵活耳目，练猿戏，达到思想静宁、气贯全身、体轻力壮，三元气（精、气、神）充盈丰满之效，能养心补脑，升窍益智。

鸟练皮毛：鸟戏主肺，其动作轻捷，用不同方式的飞翔来舒展筋骨，动作特点主要是以上肢运动来带动全身运动，其劲道是以肩带臂、臂驱手，主要刺激的是肺经和大肠经等。中医认为，肺主皮毛，皮毛依赖肺的精气滋养和温煦，皮毛的散气与汗孔的开合也与肺之宣发密切相关。多数动作在呼吸配合上是逆腹式呼吸，能补肺宽肠，调畅气机。一般练习鸟戏时，意守“气海”，可调达气脉，增强肺活量、疏通经络、灵活关节，疏导真气直通三关（尾闾、夹脊、玉枕），直达顶门（脑海），使神意上下运行而得安静。神静则气足，气足而精生，精溢而化气，使三元合一（元精、元气、元神），体健身轻、延年益寿。

五禽戏结合人体的体表、骨骼、关节等部位特征，把形体动作融于套路中，习练要求周身放松，使血脉的主循环和微循环不受影响，使细胞能够得到充足的氧气（俗称有氧运动），即使有发力动作也是爆发力、闪电式的弹劲，使全身肌肉和关节得到舒展，提高心肺功能，改善心肌供氧量，增强心肌收缩力，促进人体组织器官的正常运行。

中医认为，人体是一个有机的整体，通过经络联系在一起，五脏六腑相互表里、相辅相成，所以五禽戏中任何一戏的演练，既对应不同的脏腑，又兼顾其他脏腑经络，达到祛病强身、延年益寿的目的。练习华佗五禽戏能舒展肢体、活动筋骨，使人体脏腑、经络、关节得到锻炼。如五禽戏的调息收功，引导习练者达到相对平稳状态和“五禽”的意境，调整呼吸、宁心安神，达到外静内动的功效。不少坚持练功的慢性病患者，如高血压、冠心病、肺气肿、哮喘症等，都有不同程度的改善。经常练习可防治颈椎病、肩周炎、腰肌劳损、便秘、失眠等病症。

第四节　华佗五禽戏动作特点及比较

一、华佗五禽戏动作的主要特点

象形运动、导引气功，对称练习、一动全动，
放松自然、逆式呼吸，刚柔相济、快慢相兼，
静动结合、阴阳表理，以意领气、以气导劲，
形神意气、天人合一，安全可靠、老少皆宜。

二、每戏动作特点比较

五禽戏好就好在每个动作特点是一动全动，牵一发动全身，使全身都得到不同程度的锻炼，只不过每戏的每个动作的侧重点不同，每个动作也都有它锻炼的目的性。同时在练习时都要做到形断意连，并处理好阴阳、动静、松紧、形意、内外、刚柔等关系。

（一）从劲道上讲

虎戏的主要动作特点是以腰为主宰，带动四肢运动；鹿戏的主要动作特点是四肢带动躯体运动；熊戏的主要动作特点是以肩胯带动躯体和四肢运动；猿戏的主要动作特点是手脚带动四肢、带动躯体运动；鸟戏的主要动作特点是以上肢带动全身运动，上肢又是以肩带动臂、臂趋手运动。

（二）从功能作用上讲

常言道：虎练骨、鹿练筋、熊练脾胃、猿练心、鸟练皮毛，气贯周身。说明五禽戏的每戏在锻炼身体上各有侧重，这也是每戏的动作特点所决定的。

（三）从形体的幅度上讲

鹿戏和鸟戏的动作主要是以舒展为主，要求四肢尽量舒展大方，大多是伸筋拔骨的动作；猿戏的动作主要是以舒展、收缩为主，是舒展与收缩相对应；虎戏和熊戏的动作相对中庸些。鹿戏、虎戏和猿戏中跳跃的动作比较多，可锻炼下肢的弹跳力，鸟戏和熊戏跳跃的动作比较少；鸟戏和猿戏动作中还有较多平衡动作，可锻炼小脑，如白鹤飞翔、单腿鹤捿、白猿攀枝、白猿摘果等。从五禽戏动作运动速度上讲，缓慢、舒缓、放松的比较多，要求配合腹式呼吸（也叫逆腹式呼吸）的比较多。

（四）从刚柔相济上讲

虎戏和熊戏动作中，刚柔相济的动作比较多，外刚内柔；熊戏动作四肢发力的比较多，如推掌、猛击、抗臀、攀树、拔树等；鸟戏动作全是轻柔飘逸的动作；猿戏动作主要是上蹿下跳的动作，玩劣活泼；鹿戏动作主要是伸筋拔骨的动作，这三戏多是外柔内刚的动作。

（五）从形、神、意、气上讲

五禽戏每戏的每一个动作都要做到形、神、意、气四结合。

形是指人的形体、运动姿势以及人在运动过程中手、眼、身、法、步的配合协调。

神是神态、神韵，养生在于形神合一，故唯神是守。五种动物神态各异，虎的习性神态是伏守攻扑，攀爬跳跃，摇头摆尾，神威无惧等；鹿的习性神态是远游迁涉，性情温顺，撒欢蹦跳，仰望天空，嬉戏角逐，善运尾巴，奔跑跳跃，胆小易惊；熊的习性神态是身体强壮，四肢强健有力，行动迟缓，善于攀爬，性情温顺，视听较敏，虽体笨但攻击凶猛，浑厚心灵等；猿的习性神态是攀爬蹿跳，敏捷若飞，左顾右盼，机智悠闲，抓痒嬉戏，玩劣无比等；鸟的生活习性是迁徙翱翔，神态庄重，矫健轻捷，颈引轻松等。

意是意念、意境，在练习时思想集中、排除杂念，做到心静神凝，不能东张西望，且不能讲话。

气是指呼吸、气血，在练习时注意呼吸的调整，呼吸与动作要配合好，一般的规律是起吸落呼、开吸合呼、先吸后呼、蓄吸发呼，要求呼吸自然，不能憋气，身体各部位要舒适，精神放松，以意领气，以气领劲，促使气血运行。五禽戏的动作要领不同，呼吸方法也不同，一般有六种呼吸方法：自然呼吸、逆腹式呼吸、慢吸慢呼，慢吸快呼，快吸慢呼，快吸快呼。

形神意气结合的基本标准是达到内三合，即心随意合、意随气合、气随力合；也要达到外三合，即手与脚合、肘与膝合、肩与胯合。

注：合是指人在做养生功时形神意气的运用要符合人的生理规律。心是指心神，心定则神凝。意是指意念、想法。气是指气息、气血。力是指形体运动的过程、结果。形体的运动要靠气的支配，气的运行要靠神意的调动。外三合是指在练功时对形体的要求，手、眼、身、法、步要协调，形体运动要科学、方法要得当、姿势要正确。眼是指眼睛、眼神，手是指手臂，身是指躯干，步是指腿脚，法是指道法、术道、规律和方法。

（六）从练习的目的上讲

练习五禽戏的目的有主辅之分，五禽戏的劲道也有主辅之分，也就是说，五禽戏每戏练习的目的不一样，每个动作练习目的也是不一样的，都有它的主辅关系。用什么样的锻炼方法就有什么样的锻炼结果，从而达到什么样的目的。以虎戏为例，虎戏的劲道以腰为主，劲从腰中出，腰的劲道就为主，四肢配合腰劲运动，四肢劲道就为辅。具体到每个动作的练习，四肢得到的锻炼程度也不同。练习虎戏的目的主要是锻炼腰肌、腰骨，增强肾气，刺激肾经、膀胱经等，腰劲带动四肢运动，同时四肢也得到了锻炼。

第五节　练习华佗五禽戏注意事项

根据自己的身体状况和需要，可以每戏单独练习，也可以按虎、鹿、熊、猿、鸟的顺序练习，还可以按照五行学说金、木、水、火、土的相生相克顺序练习，更可以摘出几个式子单独练习，还可以根据自身情况开“运动处方”。所以传统华佗五禽戏老少皆宜，比较安全，简单易学，动作舒缓，常练习可活动筋骨、疏通气血、防病治病、益寿延年。

一、习练华佗五禽戏要正确处理好几种关系

在习练时要正确处理好形与意的关系、松与紧的关系、静与动的关系、刚与柔的关系、内与外的关系、阴与阳的关系。常言道：静中有动、动中有静，柔中有刚、刚中有柔。例如，如何处理好松与紧的关系，在练功时不仅要肢体放松，还要精神放松。肢体放松有利于气血、经络的运行。精神放松有利于宁神意守、引神入静，使精神集中、专一。神是人的感觉、意识、精神思维活动的总称，是人体身心状态的外在综合表现，所以精神放松有助于肌体放松。再如，松与紧是相对的，紧是指人体肌肉收缩的程度，练功时，一定有肢体动作，肢体动作是由骨骼、筋腱、肌肉来完成的，这就要求肌肉、筋腱要有一定的收缩力，这种收缩力是建立在松的基础上的。如笨熊猛击的瞬间爆发力就是肌肉收缩力的外在表现，在肌肉紧的同时尽量放松肢体，紧在两头、松在中间，紧中含松、松中含紧。每一个动作要达到牵一发而动全身，一动全动，不

能因运动而影响人体的血液循环，不论是主循环还是微循环都不能受影响，只有这样才能达到有氧运动的目的。同时，手、眼、身、法、步要协调，特别是在练功时不得东张西望，不同的动作对眼神的要求也是不一样的，如鹿戏的转颈运闾要求眼随手动，双眼要紧盯双手，以眼神引领颈部运动；而梅鹿伸腰要求目前视，两手向上举牵引身体向上。

二、练功准备

首先，对本功法要有敬畏之心，从思想上重视，思想上的重视与不重视，收效是不一样的。

其次，练功前首先要排除大、小便，取掉身上各种硬物，如手表、眼镜、钢笔、硬币等，让思想安静下来，消除一切烦恼或未解决的问题干扰，以免思想分散不能入静以及在“外动”时毁坏或碰压受伤。还要宽衣解带，着装要宽松；要穿松软的运动鞋，鞋底不宜过厚。

再次，选择舒适的环境。一般晴天户外练功比较好，尽量选择没有杂音的地方，绿色植物多、地面平坦的地方，空气质量好的地方，如公园、植物园、河边、海边、森林、草原、山岗等。室内练功时，要注意通风，保持室内空气新鲜。

最后，在练功时间上，最好选择太阳出来1～2小时后开始练功，太阳落山前1～2小时练功。冬天练功时以保暖为主，尤其老年人，尽量在室内练功，或者太阳出来、气温升高后到户外练功。

第六节　练习华佗五禽戏目的

练习五禽戏的目的是强身健体，祛病养生，提高人体免疫力，益寿延年。五禽戏是动功，通过练习五禽戏达到调身、调息、调心，简称“三调”，也称作五禽戏的三要素。调身就是一定的形体运动，放松身体。形体的锻炼主要是对形体体力的锻炼。不同的姿势对机体具有不同的影响，刺激不同的穴位、疏通不同的经络，具有特定的健身作用。有些形体运动也是调息、调心的必备条件。轻柔的动作可使全身放松，有利于入静养神。调息是指练功时对呼吸的调整和锻炼。一般认为，调息不仅直接起着调畅气机、按摩内脏的特殊功效，而且有助于身体的放松和入静。根据动作的刚柔、快慢采用不同的呼吸方法，如起跳动作是快吸慢呼，发力动作要求慢吸快呼，练功入静后，呼吸变得柔和、细缓、均匀、深长。实践证明，呼吸锻炼方法掌握不当，极易出现偏差，可以表现为胸闷、气短、腹胀等。所以，初学者对呼吸锻炼要特别注意。调心也称调神，是对意识的锻炼和调整。它要求练功时精神放松，情绪安宁，杂念逐渐消除，以达到入静状态。

调身、调息、调心三者的关系为，调心在练功三要素中起着决定性的主导作用，调身是调心的外在动力、调息的重要条件，调息则有助于体势的放松和精神的宁静，同时，调心的也有利于调息，即所谓“心静则息自调”。可见，三者相互联系，相辅相成，共同发挥整体调节作用。

同时，通过“三调”再达到“三和”，即人的自身和谐、人与人的和谐、人与自然的和谐。五禽戏养生是积精累气的过程，贵在坚持，练习五禽戏可疏理三焦，使人体元气、水谷精微等通过三焦达五脏六腑和全身各处，通过身体舒展，牵拉肌肉、筋骨，导引吐纳，可疏通经络，使气血畅通，增强体力，开发人的潜能，提高人的免疫力，达到祛病强身健体、益寿延年之目的。

第七节　华佗五禽戏养生总要

松静自然，意气相随；
练养结合，动静合一；
外引内导，循序渐进；
对称习练，阴阳表里；
因人而异，因病而异；
起居有常，饮食有节；
生活有序，顺应四季；
心态端正，乐观神逸；
融入社会，无欲无求；
积精累气，贵在坚持。

注：《五禽戏养生总要》注释略

第八节　华佗五禽戏习练要诀

对称练习，切忌偏倚；心无杂念，放松身体；
意守定物，引神入静；形体自然，习练专一；
形与意合，气寓其中；以意领气，以气导劲；
形神意气，铭心牢记；动作呼吸，配合彻底；
导引吐纳，始终不渝；一动全动，协调统一；
刚柔相济，快慢相兼；形体舒展，拔骨伸筋；
舒缓圆活，柔和匀称；静动松紧，辨证关系；
内外兼修，阴阳表里；求功莫急，循序渐进；
持之以恒，功到自成；融入自然，天人合一。

注：《五禽戏习练要诀》注释略

第九节　华佗五禽戏训诫

一、训诫

禽戏本意，铭刻心记；
功无止境，法无边际；
柔静为先，刚动为后；
凝神聚气，专心一意；
形神意气，天人合一；
不动情心，无吾之心；
沉着虚静，形气诊断；
练功修德，多求练历；
心壮魄强，练气归根。

二、训诫注释

（一）禽戏本意　铭刻心记

五禽戏之为言者，以导引吐纳，仿禽之习性，求练形取意之谓也。精研斯术，以健身心，益寿延年，亦可备非常，应急变，为人生学问。以求难老，贵在坚持，持之以恒，受益其身。

（二）功无止境　法无边际

吾功虽佳，然必有胜吾之人。高於吾者，当以师礼敬之，取其所长，补吾所短，于是吾功益进，岂足为贬？传之后进，吾道益宏。即功独精，高出流俗，亦不能自满。切记“人外有人，天外有天”，务必做到“活到老，学到老，到死三分没学好”，功无止境，学问无涯，法无边际，岂可自堵前程。

（三）柔静为先　刚动为后

习功之时，以意定物，引神入静，全身放松，必宜潜心体会，若凭蛮力，绝不得窍诀。而须心如垂杨，意随流水，四肢轻灵，中节作主。柔静贯串动作始终，个别动作虽有刚劲，亦是刚柔相济，柔在中间、刚在两头，若能如此，则能捕捉好机，刹那发劲，捷如闪电，虽四两之力，亦可拨倒千斤。

（四）凝神聚气　专心一意

动物的野性是以防为主，警惕性高。人之能者，谚称三头六臂，然必须一心作主，以意领气，气贯周身。若心有所偏，则气有所散，则此手动，则余手皆弛。如攻防，手多亦成无用，如神气布满全身，全身灵劲，毫无间隙，仿动物之防，人发而不能制吾，吾发而即能制人，皆赖神气满注之功。凝神聚气，专心一意，身无境外之交，心无攲斜之虑，利于排杂念、收敛其心、修身养性。

（五）形神意气　天人合一

功法要求形、神、意、气合一，以意领气、以气导劲、气贯周身。手、眼、身、法、步配合协调，每个动作做到形、神、意、气相结合，互为条件、相辅相成。假如眼前有某物，欲取之，主意一起，手乃前出，即意通于气。故欲使用此物，必须力焉，力之所出，乃气之所集。气之所通，亦力之所集。气力非二物也。由意集气使力者，方得顺遂称心。若力先出，是便颠倒主奴，为害甚多。故吾平日，务当舍去其力，而炼其气。只求气之使用顺遂得体，则任何人固有之力，得应其事而随其量而出焉。

（六）不动情心　无吾之心

练功时不要因受外界的影响而动心。所谓不动心者，泰山崩于前而色不变，麋鹿兴于左而目不瞬之谓也。心有所守而不移，则真气元塞全身，视白刃而不见，闻炮声而不憾。外物勿挠，独立不惧，以如斯之心胆，运用所学，若行所无事，大敌当前，亦不见怯返顾，斯真能不动心者也。良好的心理因素会使人精神愉快，不良的心理因素可使人产生疾病。

习练时，心无杂念，忘掉一切，心身放松，把己融入自然之中，无吾之心，忘掉自我，以达到天人合一之境界。潜居修练，方谓得术之奥义。

（七）沉着虚静　形气勿断

五禽戏养生急者败，修行调养是急不得的，若心急气浮，急躁心生烦躁，则不但难以收获，且反足致败。身以机敏为第一，心以沉着为主。持此自修，吾亦心守沉静，潜心修行，久之必有大成。

习五禽戏应处理阴阳关系，气与体中有阴阳，其动曰阳，其静曰阴；五禽戏虽专重气之使用，然为无形物、无迹象可寻，实则存吾体中。要求形如行云流水，缠绵不断，形断意连，一气呵成，气随形运。平常安坐时之心气，漫漫然为镇定无事之态。动时若神志外夺，损其平常镇静守养之气，此末得法也。昔日先辈教人，务先使养自己方寸之气，使外物不能动其心。有此不拔之根基，则任何活动元气充足，无缺损之虞，起居动静；真气沛然，至此方是真传。

（八）练功修德 多求练历

养生先养德，心态正，德性好，身心健，无邪念。夫治学者，专心致志，神不外骛，惟教诲之是遵，造必可致远。习德的本身就是养生，如作恶，心不宁，无法修养。

修习此功，当求练历，贵在坚持。有敬畏之心，方得虔诚，可获真谛。书读百遍、其义自见，形练千遍、身法自然，拳打万遍、功法自现，故多练之事为习功之要事。切勿自以为功未精而气馁，在于多练技巧，娴熟技巧，领会要诀，养气定心，如此身体力行，自信力自能油然而生，气馁便消，藉此努力修练，不厌不倦，练历既多，境界自高。

（九）心壮魄强 练气归根

心魂，即吾人之精神力之谓也。为人心之基，有强有弱。有精力者有气势，则势满矣，此为心魄之作用。由心生胆，由胆生力。力以身体为基础，身体虚弱，虽有此心，亦属白运心魂，无效也。身体强壮，方能不为物动，基础方立，故练身亦是要事。有心有体，即当习气。呼吸皆自心中所起，切勿使气息闭止。若气息闭止，便不持久。故求运气调息，而后心自静，魄自坚，强毅之本立矣！

发力之道，有形态之强非真强，此盖气散於外，未能归藏故也。无形态上之强而堪以为强者，乃是真强，盖已练气归根者，不见形态之壮，不见颜色之威，气不骛，心不惊，但见柔弱，此得功家之正。断人功夫高下，可以望而知之，盖不在其形，而在其气，此亦在己之学之精深也。古来精於此道者，以练气为根本，养生仍是积精累气之过程。古人云：人身难得，真法难闻，中国难生，好自为之！此养生正传正学也。

第二章　华佗五禽戏（54式）基本技术

第一节　基本手法（手型）

1. 虎爪

五指张开，虎口撑圆，第一、二指关节内扣。（图2-1、图2-2）

图2-1

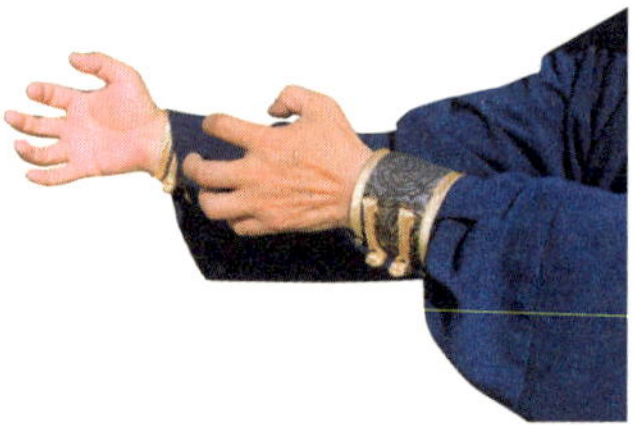

图2-2

2. 鹿角

拇指伸直外张，食指、小指伸直，中指和无名指弯曲内扣贴于手心。（图2-3）

图2-3

3. 熊掌

五指自然伸开、微屈，手心内含。（图2-4、图2-5）

图2-4

图2-5

4. 猿勾

图2-6

五指指头捏拢，屈腕。（图2-6）

5. 鸟翅

五指伸直，拇指、食指、小指向上微微翘起，无名指、中指并拢向内微微内含。（图2-7、图2-8）

图2-7

图2-8

第二节　基本步法（步型）

1. 弓步

两腿前后分开一大步，横向之间保持一定宽度，右（左）腿屈膝前弓，大腿斜向地面，膝与脚尖上下相对，前弓膝关节不能超过脚尖；左（右）腿自然伸直，脚跟蹬地，脚尖稍内扣，全脚着地。左腿在前屈膝为左弓步，右腿在前屈膝为右弓步。（图2-9、图2-10）

图2-9

图2-10

2. 马步

两脚开步稍宽于肩，或者与肩同宽，两脚平行，两腿弯曲成骑马式，膝关节不能超过脚尖。（图2-11、图2-12）

图2-11

图2-12

图2-13

图2-14

3. 踮步

提起脚跟，用脚掌着地走路，两脚交替用力蹬地，使身体腾空，一起一落踏跳前行，始终保持一个脚掌着地用力踏地，使身体向上腾空，另一只脚也随即提起。（图2-13～图2-16）

图2-15

图2-16

4. 虚步

虚步分为左虚步和右虚步。从形式上又分为屈膝虚步和直腿虚步。如，右（左）脚向前迈出，脚尖着地，脚跟上提（或者脚跟着地，脚尖上翘），膝微屈；左（右）腿微屈或全蹲，全脚着地，臀部与脚跟上下相对，松腰坐胯，身体重心落于左（右）脚，为屈膝虚步。（图2–17）又如，右（左）脚踏实，右（左）腿直立，重心在右（左）脚；左（右）腿向后迈出，脚尖点地，为直腿虚步。（图2–18）

图2–17

图2–18

图2–19

图2–20

5. 歇步

两腿交叉靠拢下蹲，右脚前脚掌着地，臀部接触右脚跟处，左腿在右腿前方，左脚全脚着地，脚尖外展，右膝靠在左小腿外侧，右腿在前为右歇步，反之为左歇步。（图2–19、图2–20）

6. 鸡形步

又叫跟步，右（左）脚向前迈一大步，左（右）脚紧跟，两脚一前一后，两脚间保持一脚的距离；两腿一前一后，微微弯曲，如鸡腿形，不弓不坐，重心基本均摊于两脚，故为鸡形步。左脚在前为左鸡形步，右脚在前为右鸡形步。（图2–21、图2–22）

图2–21

图2–22

7. 仆步

左（右）腿抬起小腿，绷起脚面向左（右）侧伸出，左（右）腿伸直；右（左）腿屈膝下蹲，上身微向左（右）拧腰；或者左（右）脚后撤一大步下蹲，右（左）腿伸直，上身保持中正并微微向右（左）拧腰。右腿伸直为右仆步，左腿伸直为左仆步。（图2–23、图2–24）

图2–23

图2–24

8. 丁步

两脚平行步站立，两脚间距为半脚距离，两腿屈膝半蹲，右（左）脚全脚着地，重心下沉于右（左）腿上；左（右）脚置于右（左）脚内侧处，用前脚掌着地或脚尖点地。（图2–25、图2–26）

图2–25

图2–26

图2–27

图2–28

9. 独立步

一腿自然直立，全脚踏实站稳，另一腿在体侧或者体前屈膝提起，膝高于腰，小腿内收，脚自然下垂。左腿独立为左独立步，右腿独立为右独立步。（图2–27、图2–28）

10. 盖步

又叫横盖步，左（右）脚经右（左）腿前向右（左）横跨一步，右（左）脚随即也向右横跨一步，落脚站稳，全脚踏实。左脚经右腿前向右横跨一步为左盖步，右脚经左腿前向左横跨一步为右盖步。（图2-29～图2-31）

图2-29

图2-30

图2-31

第三节　基本身法

1. 头颈

头颈运动主要是在眼神的牵动下进行的，不同的眼神对头颈的要求不同，一般要求是虚灵顶劲（不偏不倚），颈部自然放松。

2. 肩肘

根据动作的不同，对肩肘的要求也有所不同，一般要求是沉肩坠肘。

3. 胸背

根据动作的不同，对胸背的要求也不同，一般要求是含胸拔背。

4. 腰胯

根据动作的不同，对腰胯的要求也不同，一般要求是松腰坐胯或松腰沉胯。

5. 腹臀

根据动作的不同，对腹臀的要求也不同，一般要求是收腹提肛，尾闾垂地，臀部收敛，不要外翘。

第三章　华佗五禽戏（54式）标准教程

第一节　华佗五禽戏（54式）动作名称及套路动作流程

扫码看整套演示

1. 预备势及起势

预备势→起势

2. 虎戏动作名称及套路动作流程

①坐洞运爪→②黑虎出洞→③饿虎下山→④猛虎跳涧→⑤猛虎觅食→⑥猛虎抓食→⑦翻身虎扑左式→⑧摇头摆尾左式→⑨跃步虎扑左式→⑩翻身虎扑右式→⑪摇头摆尾右式→⑫跃步虎扑右式→⑬猛虎撕食→⑭饱虎上山→⑮老虎崴窝→⑯虎卧山洞→⑰虎戏调息式

3. 鹿戏动作名称及套路动作流程

①梅鹿伸腰→②转颈运闾左式→③麋鹿欢跳左式→④转颈运闾右式→⑤麋鹿欢跳右式→⑥成鹿亮角左式→⑦回首观足左式→⑧翘首远望左式→⑨成鹿亮角右式→⑩回首观足右式→⑪翘首远望右式→⑫返回鹿巢→⑬觅巢扒草→⑭安卧鹿巢→⑮鹿戏调息式

4. 熊戏动作名称及套路动作流程

①坐洞舔爪左式→②黑熊探爪→③笨熊游走左式→④笨熊猛击左式→⑤笨熊游走右式→⑥笨熊猛击右式→⑦笨熊晃体左式→⑧笨熊推掌左式→⑨笨熊抗臂左式→⑩笨熊晃体右式→⑪笨熊推掌右式→⑫笨熊抗臂右式→⑬贪熊攀树→⑭怒熊拔树→⑮坐洞舔爪右式→⑯熊戏调息式

5. 猿戏动作名称及套路动作流程

①白猿欢跳→②白猿转身→③亮篷远望→④白猿欢纵右式→⑤白猿跪地左式→⑥白猿攀枝左式→⑦白猿摘果左式→⑧白猿托桃左式→⑨白猿献果左式→⑩白猿跪地右式→⑪白猿攀枝右式→⑫白猿摘果右式→⑬白猿托桃右式→⑭白猿献果右式→⑮白猿欢纵左式→⑯白猿抓痒→⑰猿戏调息式

6. 鸟戏动作名称及套路动作流程

①仙鹤跳枝→②白鹤飞翔左式→③群鹤落滩左式→④白鹤扑地左式→⑤白鹤飞翔右式→⑥群鹤落滩右式→⑦白鹤扑地右式→⑧转颈左顾→⑨单腿鹤棲左式→⑩飞鹤展翅左式→⑪转颈右盼→⑫单腿鹤棲右式→⑬飞鹤展翅右式→⑭群鹤净身左式→⑮摇身抖水左式→⑯群鹤净身右式→⑰摇身抖水右式→⑱抖翎飞翔左式→⑲降落岩石左式→⑳抖翎飞翔右式→㉑降落岩石右式→㉒飞鹤盘旋→㉓白鹤宿巢

7. 引气归原及收势

引气归原→收势

第二节　预备势及起势规范动作图解

1. 预备势

【歌诀】

两臂下垂立自然，舌抵上颚无杂念。
含胸拔背松腰肩，双目前视意守丹。

【规范动作图解】

两脚并拢，自然站立，两手自然下垂，目视前方，自然呼吸。（图3-1）

图3-1

2. 起势

【歌诀】

松静站立手下垂，目视前方调神气。

提踵吸气百会领，落跟呼气脚调平。

【规范动作图解】

上身不动，提踵，随即两脚跟外展，接着两脚跟下落，两脚尖外展，两脚跟再外展，继而两脚尖再外展，调整到两脚平行，与肩同宽，自然站立，目视前方，自然呼吸，或者提踵的过程为吸气、落踵的过程为呼气。（图3-2～图3-4、图3-2附图）

图3-2

图3-2附图

图3-3

图3-4

第三节　虎戏规范动作图解

扫码看演示视频

1. 坐洞运爪

【歌诀】

眼随手动坐如钟，松腰坐胯运爪行。
以意领气丹田出，运行周天全身松。

【规范动作图解】

①接上式。两手在两胯旁，掌外旋变成虎掌、手心向前，两手向前、向上托起至与肩平，手心向上，随即屈肘内合，两手向上、向内划弧至胸前，手心向内，两手掌翻转向下，两掌手指相对，目视前方，这个过程为吸气。（图3-5～图3-9）

图3-5

图3-6

图3-7

图3-8

图3-9

②接上势不停。两手向下按，在下按的过程中两掌手指相对，双手停至下丹田两侧，掌心向下；身体随手下按重心下移，两膝弯曲下蹲成马步，要求松腰坐胯、含胸拔背，目视前方，这个过程为呼气。（图3-10）

图3-10

图3-11

③接上势不停。两脚原地不动，左虎爪（掌）向左上方翻起划弧，手心向左；同时，右手外旋翻掌手心向左，右掌停于左腹前，左手在上，右掌在下，两掌相距肩宽，左掌高于左肩或与眼眉同高；同时，身体随手运动左转90°，要求松腰坐胯、含胸拔背、沉肩坠肘，目环视至左方，面朝左方，这个过程为吸气。（图3-11）

④接上势不停。左手下落至左胯、右手上起至眼眉高度，接着右手继续向内旋转手臂向右划弧至右侧，手心向右，同时左手向右划弧至右胯旁，右手在上、左手在下，两掌相距与肩同宽，右掌高于右肩或与眼眉同高，左掌停于右腹前，目环视至右方；同时，身体随手向右划弧右转体180°，要求松腰坐胯、含胸拔背、沉肩坠肘，面朝右方，这个过程为呼气。（图3-12～图3-14）

图3-12

图3-13

图3-14

图3-15

图3-16

⑤接上势不停。向左转体90°，目随转体环视；同时，左手向上抬起、右手下落至与肩同高，手心向下，随即手掌由右向左划平弧，两手停于胸前，保持两手臂平行、与肩同宽，目视前方，这个过程为吸气。（图3-15、图3-16）

⑥接上势不停。两掌向下按，起身站立；同时，身体随手势向下前后波动尾椎、腰椎，由两膝弯曲下蹲成马步、站立，双手停于两胯旁，两手心向下，这个过程为呼气。（图3-17）

图3-17

2. 黑虎出洞

【歌诀】

沉肩转体身要松，波动脊椎固肾宁。
蹬地腾空着地稳，往前探爪引躯行。

图3-18

图3-19

【规范动作图解】

①接上式。双手从前向上划至头的上方，随即双手从上向下按，同时身体随手势重心下移屈膝下蹲并缩身，双手停于两胯旁，两手心向下，目视前方，这个过程为一个呼吸气，起身为吸气、下蹲为呼气。（图3-18～图3-21）

图3-20

图3-21

②接上势不停。向上起身，双脚同时用力蹬地，身体向前腾空跃起，双脚同时落地，做到前脚掌先着地再两脚踏实，保持两脚平行与肩同宽，着地后重心下移缩身，双腿屈膝；同时，两手向前伸出，向上、向前引领身体，在空中划立圆随即收回停于两胯旁，手心向下，目视前方，起跳至高处的过程为吸气，从高处下落着地的过程为呼气。（图3–22～图3–24）

图3－22

图3－23

图3－24

3. 饿虎下山

【歌诀】

伸腿屈膝虚实明，探爪缠丝肩背功。
含胸拔背松坐胯，刺激膀胱与肾经。

图3－25

（1）饿虎下山左式

接上式。微微向上起身，重心移至右脚，右腿屈膝坐胯，同时两手外旋收至腰间，手心向上。紧接着左脚向前缓慢迈出成左虚步，脚尖点地，上身微前倾；同时，左手停于左腰间，右手随即内旋向前下方缓慢伸出，手心向下，停在右脚上方，目视前下方，提膝向前迈步的过程为吸气，做深吸气（吸饱），落脚重心前移的过程为呼气或者自然呼吸。（图3–25、图3–26、图3–26附图）

图3-26

图3-26附图

（2）饿虎下山右式

接上式。身体重心向前逐渐移至左脚，右脚向前缓慢迈出，左腿屈膝坐胯成右虚步；同时，左手内旋从腰间缓慢伸出，手心向下，右手外旋收回腰间，手心向上，提膝向前迈步的过程为吸气，做深吸气（吸饱），落脚重心前移的过程为呼气或自然呼吸。（图3-27、图3-27附图）

图3-27

图3-27附图

4. 猛虎跳涧

【歌诀】

起身昂首理三焦，蹬地腾空转背腰。

落地下胯沉肩肘，弓步疏经固肾牢。

图3-28

（1）猛虎跳涧左式

①接上式。头向上领劲起身，右腿屈膝向上提起，脚尖自然向下，重心移至左脚，左腿直立；同时，右手上提至头部右上方，左手下落停左胯旁，手心向下，目视前方，这个过程为吸气或者自然呼吸。（图3-28）

图3-29

②接上势不停。右脚下落并向前迈半步，右脚用力蹬地腾空，左腿屈膝提起；同时，右手向下落至右胯旁，左手向上抬起至头顶上方。随即身体腾空，在空中顺时针右转 360° ，下落时左脚先落地，随即右脚落地，两脚前后站立，左脚在后、右脚在前，上身保持中正；同时，左右手随转体进行左上肢挽花（左手向下、向上、向下在胸前内旋划圆；同时，右手向上、向下、向上在胸前内旋划圆，交叉于胸前，左手走内侧下落，右手走外侧向上抬起，划弧一周）停于腹前，呈抱球状，左手在上、右手在下，手心遥遥相对，双目环顾四周后目视左方，起吸落呼或者自然呼吸。（图3-29～图3-31、图3-31附图）

图3-30

图3-31

图3-31附图

③接上势不停。两脚原地不动，重心移至左脚，右脚以脚后跟为轴旋转，脚尖朝前，随即身体重心向前下移成右弓步；同时，右手臂上举至头部右上方，手心向前，左手臂落至腹前（下丹田处），手心向下，向右扭头目视前方，自然呼吸或者起吸落呼。（图3-32、图3-32附图、图3-33、图3-33附图）

图3-32

图3-32附图

图3-33

图3-33附图

（2）猛虎跳涧右式

①接上式。重心移至左脚，右脚内扣，身体左转180°；同时，右手臂内旋随转体向左划弧，双目环视，自然呼吸或者吸气。（图3-34、图3-35、图3-35附图）

图3-34

图3-35

图3-35附图

②接上势不停。重心移至右脚，头向上领劲，身体直立，左腿屈膝提起，脚尖自然向下，右腿站立；同时，左手向上抬至头部左上方，手心向前，右手下落至右胯旁，手心向下，目视前方，自然呼吸或者吸气。（图3-36、图3-36附图）

图3-36

图3-36附图

③接上势不停。左脚下落并向左前方迈半步，用力蹬地弹跳，右脚向上起跳；同时，右手向下至右胯旁，左手向上抬至头部左上方。随即身体逆时针空中左转体360°，右脚先落地，随即左脚向后落地，两脚前后站立，左脚在前、右脚在后，上身保持中正；在空中转体的同时左右手随转体进行右上肢挽花（右手向下、向上、向下在胸前内旋划圆；同时，左手向上、向下、向上在胸前内旋划圆，交叉于胸前，右手走内侧下落，左手走外侧向上抬起，划弧一周）停于腹前，呈抱球状，右手在上、左手在下，手心遥遥相对，双目环顾四周，向左扭头目视前方，起吸落呼或自然呼吸。（图3–37 ~ 图3–41、图3–41附图）

图3–37

图3–38

图3–39

图3–40

图3–41

图3–41附图

④接上势不停。两脚原地不动，重心移至右脚，左脚以脚后跟为轴旋转，脚尖朝前，随即身体重心向前下移成左弓步；同时，左手臂上举至头部右上方，手心向前，右手臂落至腹前（下丹田处），手心向下，向左扭头目视前方，自然呼吸或者起吸落呼。（图3–42、图3–42附图、图3–43、图3–43附图）

图3–42

图3–42附图

图3–43

图3–43附图

5. 猛虎觅食

【歌诀】

扣步扭身看脚跟，疏通膀胱固腰肾。

两臂拨草缠丝劲，牵拉肢体疏经筋。

（1）猛虎觅食左式

接上式。右脚向前方迈一步，落步扣脚，随即以腰为轴整个身体向左转360°，左脚以脚跟为轴，脚尖外展，以腰带动上肢、下肢缓慢扭转，犹如磨盘，重心前移成左弓步，上身前倾，重心大部分在左脚上，缓慢向后扭头，目光看右脚跟；同时，两手缓慢左挽花（左手向下、向上、向下在胸前划弧一周，右手向上、向下、向上在胸前划弧一周，在胸前抱球，左手在上、右手在下），随即右手臂内旋向上划弧抬起至头前上方，虎爪心向前，左手臂内旋由上向下划弧至左胯旁，虎爪心向后，两手挽花抱球的过程为吸气，两手打开上撑下按的过程为呼气，随动作完成做一个深呼吸。（图3-44～图3-48）

图3-44

图3-44附图

图3-45

图3-46

图3-47

图3-48

图3-48附图

（2）猛虎觅食右式

接上式。起身，身体重心后移至右脚，左脚原地内扣，右脚以脚跟为轴原地外展，随即左脚向前迈一步，落步扣脚；同时，以腰为轴，整个身体顺时针旋转（右转体）360°，右脚以脚跟为轴，脚尖外展，以腰带动上肢、下肢缓慢扭转，犹如磨盘，重心前移成右弓步，上身前倾，重心大部分在右脚上，缓慢向后扭头，目光看左脚跟；同时，两手缓慢右挽花（右手向下、向上、向下在胸前划弧一周，左手向上、向下、向上在胸前划弧一周，在胸前抱球，右手在上、左手在下），随即左手臂内旋向上划弧抬起至头前上方，虎爪心向前，右手臂内旋由上向下划弧至右胯旁，虎爪心向后，两手挽花抱球的过程为吸气，两手打开上撑下按的过程为呼气，随动作完成做一个深呼吸。（图3-49～图3-54、图3-54附图）

图3-49

图3-50

图3-51

图3-52

图3-53

图3-54

图3-54附图

6. 猛虎抓食

【歌诀】

快步抓食松与紧，含胸拔背脚根稳。
沉肩坠肘刚柔济，意守劳宫壮腰肾。

（1）猛虎抓食左式

①接上式。起身，向右转体，重心移至右脚，随即左脚收回丁步侧身站立；同时，两手收于腰间，手心向内。（图3-55）

图3-55

②接上势不停。右脚蹬地、左脚快步向前迈出一大步，右脚跟步成右跟步，侧身向前，屈膝站立，身体后坐，成左鸡行步；同时，双手向前猛抓，两手向前伸手时十指分开为掌，再向后拉（此时为虎爪），左手在前，手心朝右，右手在后，手心朝左对着左肘，两手相距约一前臂的距离。目视双手，前抓过程为吸气，后拉过程为呼气。（图3-56、图3-56附图、图3-57、图3-57附图）

图3-56

图3-56附图

图3-57

图3-57附图

图3-58

（2）猛虎抓食右式

①接上式。向左转体，重心移至左脚，随即右脚收回丁步侧身站立；同时，两手收于腰间，手心向内。（图3-58）

②接上势不停。左脚蹬地、右脚快步向前迈出一大步，左脚跟步成左跟步，侧身向前，屈膝站立，身体后坐，成右鸡行步；同时，双手向前猛抓，两手向前伸手时十指分开为掌，再向后拉（手为虎爪），右手在前，手心朝左，左手在后，手心朝右对着右肘，两手相距约一前臂的距离。目视双手，前抓过程为吸气，后拉过程为呼气。（图3–59、图3–59附图、图3–60、图3–60附图）

图3–59

图3–59附图

图3–60

图3–60附图

7. 翻身虎扑左式

【歌诀】

手臂引领翻腰身，松腰坐胯虚实分。
双臂对圆往下扑，起吸落呼安腰肾。

接上式。起身，重心移至左脚，右脚以脚跟为轴内扣，重心再移至右脚，身体向后翻转180°，左脚脚尖点地，脚跟稍提，右腿在后，屈膝松腰坐胯，成左虚步；同时，两手臂从身前向上抬起，经头顶上方向前下方扑按，两掌停于腹前，手心向下，与肩同宽，含胸拔背，目视前方，起身向上抬手的过程为吸气，手下按俯身的过程为呼气，起吸落呼。（图3-61～图3-63、图3-62附图、图3-63附图）

图3-61

图3-62

图3-62附图

图3-63

图3-63附图

8. 摇头摆尾左式

【歌诀】

两臂划圆虚实分，牵动任督固腰肾。
起身瞪眼三焦理，疏理心包肾经浑。

①接上式。重心在右脚，右腿屈膝站立，左虚步不变；上身下俯，同时两手下落于左脚上方，动作不停，随即上身和两手臂从下向左、向上、向右、向下划立圆一周，双目环视，左半圈为吸气，右半圈为呼气。（图3-64～图3-68）

图3-64

图3-64附图

图3-65

图3-65附图

图3-66

图3-66附图

图3-67

图3-67附图

图3-68

图3-68附图

②接上势不停。起身，头向上领劲，随即左腿屈膝提起，脚心向下，与地面平行，重心在右脚，右腿站立；同时，两手臂从下向上抬起屈臂，叠加在胸前，两前臂平行，与肩同宽，做到沉肩坠肘，虎爪心向前，怒目前视，起身的过程为吸气。（图3–69、图3–69附图）

图3–69

图3–69附图

9. 跃步虎扑左式

【歌诀】

提膝蹬地前跃身，双臂引领腰前伸。
着地稳健松下胯，脚踩手按内发匀。

图3–70

图3–70附图

①接上式。左脚向前踏步落地，身体下落，两手也随之下落，这个过程是呼气；随即左脚踏地用力蹬地使身跃起，右脚向上、向前腾空而起，脚心向后，脚尖向下；同时，两手臂向前引领身体划弧一周成立圆至肩前上方，两前臂平行，与肩同宽，目视前方，起跳的过程是吸气。（图3–70～图3–72）

图3－71

图3－71附图

图3－72

图3－72附图

②接上势不停。右脚着地站立，随即左腿提膝，左脚向前迈一步，重心前移，用力下踏（震脚），成左弓步，上身微微前倾；同时，两手臂由肩前上方向前、向下扑按，两手上臂与身体成45°夹角，手心向下，十指朝前，脚踏（可以震脚）、手按（力达掌根）发力要一致，左脚心和两手心三点在一条线上，手停于左膝两侧，含胸拔背，目视前方，以上过程为呼气。（图3–73、图3–73附图、图3–74、图3–74附图）

图3–73

图3–73附图

图3–74

图3–74附图

10. 翻身虎扑右式

【歌诀】

手臂引领翻腰身，松腰坐胯虚实分。

双臂划圆往下扑，起吸落呼安腰肾。

接上式。起身，重心后移，左脚以脚后跟为轴内扣，重心再移至左脚，身体向右后翻转180°，右脚脚尖点地、脚跟稍提，左腿在后，屈膝松腰坐胯，成右虚步；同时，两手臂从胸前向上抬起，经头顶上方向前下方扑按，两掌停于腹前，手心向下，与肩同宽，含胸拔背，目视前下方，起身向上抬手的过程是吸气，手下按俯身的过程为呼气，起吸落呼。（图3-75～图3-77）

图3-75

图3-76

图3-77

11. 摇头摆尾右式

【歌诀】

两臂划圆虚实分，牵动任督固腰肾。

起身瞪眼三焦理，疏理心包肾经浑。

①接上式。重心在左脚，左腿屈膝站立，右虚步不变；上身下俯，同时两手下落于右脚上方，动作不停，随即上身和两手臂从下向右、向上、向左、向下划立圆一周，双目环视，右半圈为吸气，左半圈为呼气。（图3–78～图3–82）

图3–78

图3–79

图3–80

图3–81

图3–82

②接上势不停。起身，头向上领劲，随即右腿屈膝提起，脚心向下，脚底与地面平行，重心在左脚上，左腿站立；同时，两手臂从下向上抬起，屈臂，叠加在胸前，两前臂平行，与肩同宽，做到沉肩坠肘，手心向前，怒目前视，起身的过程为吸气。（图3–83）

图3–83

12. 跃步虎扑右式

【歌诀】

提膝蹬地前跃身，双臂引领腰前伸。

着地稳健松下胯，脚踩手搂内发勾。

①接上式。右脚向前踏步落地，身体下落，两手也随之下落，这个过程是呼气；随即右脚踏地用力蹬地使身跃起，左脚向上、向前腾空而起，脚心向后，脚尖向下；同时，两手臂向前引领身体划弧一周成立圆至肩前上方，两前臂平行，与肩同宽，目视前方，起跳的过程为吸气。（图3–84～图3–87）

图3–84

图3–85

图3-86

图3-87

②接上势不停。左脚着地站立，随即右腿提膝，右脚向前迈进一步，重心前移，用力下踏（震脚），成右弓步，上身微微前倾；同时，两手臂由肩前上方向前、向下扑按，两手上臂与身体成45°夹角，手心向下，十指朝前，脚踏（可以震脚）、手按（力达掌根）发力要一致，左脚心和两手心三点在一条线上，手停于左膝两侧，含胸拔背，目视前方，以上过程为呼气。（图3-88、图3-89）

图3-88

图3-89

13. 猛虎撕食

【歌诀】

以腰为轴运爪功，左撕右拉用力衡。

起身慢缓三焦理，落身迅速用力猛。

①接上式。右弓步原地不动，左手内旋、右手外旋，两手臂从下向左上方缓慢划弧，左手抬起，高不过头，左手在上、右手在下，左手心翻转向左、右手翻手心向上，两手相距同胸宽，眼随手动；同时，身体向左转动，要求松腰坐胯、沉肩坠肘、含胸拔背，这个过程为吸气或者自然呼吸。（图3–90）

图3–90

图3–91

②接上势不停。右弓步仍然原地不动，左手外旋、右手内旋向下落，然后再向右上方划弧，右手抬起，高不过头、右手在上、左手在下，右手心翻转向右、左手心翻转向上，两手相距同胸宽，眼随手动；同时，身体向右转动，要求松腰坐胯、沉肩坠肘、含胸拔背，这个过程为呼气或者自然呼吸。（图3–91）

③接上势不停。两手掌从右向下划弧至腹前再向前抓，随即起身，重心后移至左腿，右腿屈膝提起，脚心向下；同时，以身带动双手从下向上抓起至胸前上方，两臂平行，与肩同宽，手心向下，目视前下方，这个过程为慢吸气。（图3–92、图3–93）

图3–92

图3–93

④接上势不停。右脚向前下落用力震脚成右弓步；同时，双手向前下方扑按，力达掌根。要求脚用力踏地（震脚）、手用力下按（力达掌根），手脚发力要一致，右脚心和两手心三点在一条线上，手停于右膝两侧，含胸拔背，呼气要快，眼向前下视。（图3–94）

图3–94

14. 饱虎上山

【歌诀】

迈步上山脚跟行，逐步踏实弓步成。
前伸后拉腰背劲，出手内外缠丝功。

（1）饱虎上山左式

接上式。起身，重心后移至左脚，右脚内扣，身体向左后方转体180°；同时，两手收回腰间，手心向上。转体完成后，重心再移至右脚，左腿屈膝提起，左脚再向前迈出一步，重心前移成左弓步；同时，右手旋转伸出，手心向下，左手仍停于左腰间，要求松腰坐胯、沉肩坠肘、含胸拔背，目视前方，自然呼吸或者起身转体、收手的过程为吸气，迈步出手、弓步形成的过程为呼气。（图3–95、图3–95附图、图3–96、图3–96附图）

图3–95

图3–95附图

图3-96

图3-96附图

（2）饱虎上山右式

接上式。重心移至左脚，随即右脚向前迈进一步，重心前移成右弓步；同时，左手从腰间向前内旋伸出，手心向下，右手外旋收回右腰间，手心向上，要求松腰坐胯、沉肩坠肘、含胸拔背，目视前方，自然呼吸或者起身转体、收手的过程为吸气，迈步出手、弓步形成的过程为呼气。（图3-97、图3-97附图）

图3-97

图3-97附图

15. 老虎崴窝

【歌诀】

上步转体自然立，双目环顾两手起。

屈膝下蹲松全身，摆尾运闾肾安逸。

（1）老虎崴窝左式

①接上式。重心移至左脚，右脚跟为轴内扣，身体左转270°，左脚随转体提起向后撤步落脚，两脚平行与肩同宽，重心平分两脚上，面朝左侧；同时，两手臂从下向上抬起，置于面前上方，保持两手臂平行与肩同宽，沉肩坠肘，虎爪手心向前下，目环视停留左方，这个过程为吸气。（图3–98～图3–100）

图3–98

图3–99

图3–100

②接上势不停。两腿屈膝下蹲或半蹲成半马步，重心平分两脚上，下蹲过程中要运尾闾带动腰微微左右扭动，松腰坐胯；同时，两手下落，沉肩坠肘于胸前，保持两手臂平行与肩同宽，目视左方，这个过程为呼气。（图3–101）

图3–101

（2）老虎崴窝右式

①接上式。起身站立，两手下落，以左脚跟为轴，身体向右后转180°，右脚提起向后撤步落脚，两脚平行与肩同宽，重心平分两脚上，面朝右侧；同时，两手臂从下向上抬起，置于面前上方，保持两手臂平行与肩同宽，沉肩坠肘，虎爪手心向前下，目环视停留右方，这个过程为吸气。（图3-102、图3-103）

图3-102

图3-103

图3-104

②接上势不停。两腿屈膝下蹲或半蹲成半马步，重心平分两脚上，下蹲过程中要运尾闾带动腰微微左右扭动，松腰坐胯；同时，两手下落，沉肩坠肘于胸前，保持两手臂平行与肩同宽，目视右方，这个过程为呼气。（图3-104）

16. 虎卧山洞

【歌诀】

双臂挽花引体转，旋卧盘根臂丝缠。
扭首牵动督阳脉，调理周身肾水安。

（1）虎卧山洞左式

图3-105

图3-106

①接上式。起身站立，两脚原地不动，两手下落至身体左右两侧，随即向左右打开，两臂与肩同高；接着以两脚为轴，内扣右脚、外摆左脚，身体向左转体180°，全身随转体成高叉步；同时，双手臂左挽花，即左手臂向上划弧，经右肩前向下划弧一周半，右手臂向下经左肩再向上经头上方再向下划弧一周半，两手在胸前交会，手心相对呈抱球状，左手在上、右手在下。随转体双目环视，这个过程为吸气。（图3-105～图3-109）

图3-106附图

图3-107

图3-107附图

图3-108

图3-108附图

图3-109

②接上势不停。左手向下、向上继续内旋划弧，展臂拉开，手心向上，停于左侧上方，手臂高于头部；右手外旋向上划弧，屈肘停于右耳旁，手心向上，两手对拉，如同拉弓；同时，全身重心下移，叉步下蹲成歇步，屈身盘卧，扭头向左看，目视左手，这个过程为呼气。（图3-110、图3-110附图）

图3-110

图3-110附图

（2）虎卧山洞右式

①接上式。起身站立，落手于胯旁，随即两手左右打开；接着以两脚为轴，内扣左脚、外摆右脚，身体向右转体180°，全身随转体成叉步；同时，双手臂右挽花，即右手臂向上划弧，经左肩前向下划弧一周半，左手臂向下经右肩再向上经头上方再向下划弧一周半，两手在胸前交会，手心相对成抱球状态，右手在上、左手在下，随转体双目环视，这个过程为吸气。（图3-111～图3-113、图3-111附图）

图3-111

图3-111附图

图3-112

图3-113

②接上势不停。右手向下、向上继续内旋划弧，展臂拉开，手心向上，停于右侧上方，手臂高于头部；左手外旋向上划弧，屈肘停于左耳旁，手心向上，两手对拉，如同拉弓；同时，全身重心下移，叉步下蹲成歇步，屈身盘卧，扭头向右看，目视右手，这个过程为呼气。（图3-114、图3-114附图）

图3-114

图3-114附图

17. 虎戏调息式

【歌诀】

自然站立双臂起，起吸落呼调神气。

气沉丹田壮元本，威猛虎势藏心底。

①接上式。起身站立，两手下落，由虎爪变成自然掌，以两脚为轴，右脚内扣、左脚外摆，身体向左转180°，面朝左侧，两手下落于胯旁，随即再转体90°面朝前方，同时右脚向前迈一步，保持两脚平行与肩同宽，两腿自然站立；接着，两手臂向左右两侧舒展打开，从下向上缓慢抬起至头顶上方，手心相对，与肩同宽，为合抱掌，目视前方，这个过程为吸气。（图3-115～图3-118）

图3-115

图3-116

图3-117

图3-118

②接上势不停。两脚原地不动，自然站立，两臂屈肘，两手从头顶上方向下落，经胸前两手指尖相对，沿体前缓慢下按至腹前、下沉手腕，再松腕，手继续下落至两胯旁，手指向下，手心向里，两臂自然下垂，目视前方，恢复成起势。（图3-119～图3-121）

图3-119

图3-120

图3-121

第四节　鹿戏规范动作图解

扫码看演示视频

1. 梅鹿伸腰

【歌诀】

举手提膝步调同，两臂螺旋刺太空。
蹬脚摆腿肝经疏，虚领中正双目明。

（1）梅鹿伸腰左式

①接起势。重心移到右脚上，同时，左脚收至右脚内侧，脚尖点地，右腿独立，上身保持中正，左腿屈膝缓缓提起，脚尖自然向下；同时，两手外旋成鹿指（中指、无名指内扣，大拇指、食指、小指伸直。注意在鹿戏功法的活动过程中，要始终保持鹿指不变），从两胯侧提到腰间，手心向上，目视前方，这个过程为吸气。（图3–122、图3–123）

图3–122

图3–123

图3–124

②接上势不停。右脚原地不动，右腿独立，上身保持中正；左脚向正前方蹬出，脚尖内勾向上，力达脚跟；同时，两手内旋缓缓向头顶上方举起，停于头顶上方，指尖向上，手心向前，两臂平行，与肩同宽，目视前方，这个过程为吸气。（图3–124）

③接上势不停。左脚向左侧方向缓缓外摆下落，左脚下落似挨地非挨地时向前迈步；同时，两手由上向左右分开，缓缓下落至两胯旁，鹿指不变，手指向下，手心向里。然后，右脚向前上步，重心前移，两脚平行站立，与肩同宽，这个过程为呼气。（图3-125、图3-126）

图3-125

图3-126

（2）梅鹿伸腰右式

①接上式。重心移至左脚上，左腿独立，上身保持中正，右腿屈膝缓缓提起，脚尖自然向下；同时，两手为鹿指，从两胯侧提到腰间，手心向上，目视前方，这个过程为吸气。（图3-127、图3-128）

图3-127

图3-128

②接上势不停。左脚原地不动，左腿独立，上身保持中正；右脚向正前方蹬出，脚尖内勾向上，力达脚跟；同时，两手内旋缓缓向头顶上方举起，停于头顶上方，指尖向上，手心向前，两臂平行，与肩同宽，目视前方，这个过程为吸气。（图3–129）

图3–129

③接上势不停。右脚向右侧方向缓缓外摆下落，右脚下落似挨地非挨地时向前迈步；同时，两手由上向左右分开，缓缓下落至两胯旁，手指向下，手心向里。然后，左脚向前上步，重心前移，两脚平行站立，与肩同宽，这个过程为呼气。（图3–130、图3–131）

图3–130

图3–131

2. 转颈运闾左式

【歌诀】

松腰下胯马步功，双臂划圆眼随行。

神领颈转刺大椎，运闾还需髋骨拧。

①接上式。左脚向左前方迈进一步，身体右转90°，右脚以脚跟为轴，脚尖外展90°，两脚平行，自然站立；同时，两手臂向左自然抬起，高与左肩平，手心向下，指尖向前，目视左手方向，这个过程为吸气。（图3–132、图3–132附图）

图3–132

图3–132附图

图3–133

图3–133附图

②接上势不停。双腿屈膝下蹲成马步；同时，两手臂随下蹲下落沉腕，手心向前，指尖向上，手臂保持与肩平，上身保持中正，做到松腰坐胯，沉肩坠肘，目视左手方向不变，这个过程为呼气。（图3–133、图3–133附图）

③接上势不停。两脚马步原地不动，两手臂从左侧向上、向右、向下、向左、向上顺时针划立圆，连续划3周，眼随手动，神牵颈转，即颈项跟随手臂运动也要左右、上下充分地运动3周；同时，胯部随手臂运动也向左右、前后微微地划平椭圆运动尾闾3周，即手臂向右运动就向右运胯，手臂向左运动，就向左运胯，手法、身法要协调，起手向上划弧的过程为吸气，手下落的过程为呼气，也可自然呼吸。（图3-134～图3-137）

图3-134

图3-134附图

图3-135

图3-135附图

图3-136

图3-136附图

图3-137

图3-137附图

3. 麋鹿欢跳左式

【歌诀】

踢腿轮臂腾空跳，勾脚回首肝胆照。

四肢舒展百骸壮，任行天地求不老。

①接上式。起身站立，重心移至左脚成高虚步；同时，两手臂向上抬起，左手高于肩，右手屈臂在左胸前，眼看左手方向。（图3-138、图138附图）

图3-138

图3-138附图

②接上势不停。高虚步两脚原地不动，手势不变，向右扭头180° 向身体的右侧方向看；接着，身体右转90° ，左脚向前迈步（垫步）蹬地向右转跳，能跳多高就跳多高；右脚勾紧脚尖（上翘）用力向上抬腿踢脚，能踢多高就踢多高，把右腿筋拉得酸胀；同时，左手臂伸直向上摆动，至头顶上方，鹿指向上，右手下落至右胯旁，手心向内或者向下，鹿指向下或者向前，向右回头目视左脚跟方向，向上起跳的过程为吸气，下落的过程为呼气，也可自然呼吸。（图3-139～图3-141）

图3-139

图3-139附图

图3-140

图3-141

图3-141附图

③接上势不停。右脚下落蹬地，左脚勾紧脚尖（上翘）用力向上抬腿踢脚，能踢多高就踢多高，把左腿筋拉得酸胀；同时，左手落至左胯旁，手心向内或者向下，鹿指向下或者向前，右手臂伸直向上摆动至头顶上方，鹿指向上，向左回头目视右脚跟方向。以上动作连续跳4步，走弧形，行走的轨迹如“U”字形，向上踢右脚时眼向左脚跟方向看，向上踢左脚时眼向右脚跟方向看，左右势互换，跳到第4步后，左脚落脚站立，左脚在前，右脚在后，两手下落至胯旁，目视前方。（图3-142～图3-150）

图3-142

图3-143

图3-144

图3-145

图3-146

图3-147

图3-148

图3-149

图3-150

4. 转颈运间右式

【歌诀】

松腰下胯马步功，双臂划圆眼随行。

神领颈转刺大椎，运间还需髋骨拧。

①接上式。进右脚向左前方迈进一步，身体左转90°；同时，以左脚后跟为轴，脚尖外展90°，两脚平行，自然站立，面向左侧。接着，两脚原地不动，两手向右侧方自然抬起，高与右肩平，手心向下，指尖向右，目视右手方向，这个过程为吸气。（图3-151、图3-152、图3-152附图）

图3-151

图3-152

图3-152附图

②接上势不停。双腿屈膝下蹲成马步；同时，两手臂随下蹲下落沉腕，手心向前，指尖向上，手臂保持与肩平，上身保持中正，做到松腰坐胯，沉肩坠肘，目视右手方向不变，这个过程为呼气。（图3-153、图3-153附图）

图3-153

图3-153附图

③接上势不停。两脚马步原地不动，两手臂从右侧向上、向左、向下、向右、向上逆时针划立圆，连续划3周，眼随手动，神牵颈转，即颈项跟随手臂运动也要左右、上下充分地运动3周；同时，胯部随手臂运动也向左右、前后微微地划平椭圆运动尾闾3周，即手臂向左运动就向左运胯，手臂向右运动，就向右运胯，手法、身法要协调，起手向上划弧的过程为吸气，手下落的过程为呼气，也可自然呼吸。（图3-154～图3-157）

图3-154

图3-154附图

图3－155

图3－155附图

图3－156

图3－156附图

图3－157

图3－157附图

5. 麋鹿欢跳右式

【歌诀】

踢腿轮臂腾空跳，勾脚回首肝胆照。

四肢舒展百骸壮，任行天地求不老。

①接上式。起身站立，重心移至右脚成高虚步；同时，两手臂向上抬起，右手高于肩，左手屈臂在右胸前，扭头看右手方向。（图3–158）

图3－158

②接上势不停。高虚步两脚原地不动，手势不变，向左扭头180° 向身体的左侧方向看；接着，身体右转90° ，右脚向前迈步（垫步）蹬地向左转跳，能跳多高就跳多高；左脚勾紧脚尖（上翘）用力向上抬腿踢脚，能踢多高就踢多高，把左腿筋拉得酸胀；同时，右手臂伸直向上摆动，至头顶上方，鹿指向上，左手下落至左胯旁，手心向内或者向下，鹿指向下或者向前，向左回头目视左脚跟方向，向上起跳的过程为吸气，下落的过程为呼气，也可自然呼吸。（图3-159 ~ 图3-161）

图3-159

图3-159附图

图3-160

图3-160附图

图3-161

图3-161附图

③接上势不停。左脚下落蹬地，右脚勾紧脚尖（上翘）用力向上抬腿踢脚，能踢多高就踢多高，把右腿筋拉得酸胀；同时，右手落至右胯旁，手心向内或者向下，鹿指向下或者向前，左手臂伸直向上摆动至头顶上方，鹿指向上，向右回头目视左脚跟方向。以上动作连续跳4步，走弧形，行走的轨迹如“U”字形，向上踢左脚时眼向右脚跟方向看，向上踢右脚时眼向左脚跟方向看，左右势互换，跳到第4步后，右脚落脚站立，右脚在前，左脚在后，两手下落至胯旁，目视前方。（图3-162～图3-168）

图3-162

图3-163

图3-164

图3-165

图3-166

图3-167

图3-168

6. 成鹿亮角左式

【歌诀】

成鹿嬉戏触角争，两臂缠丝功内行。
扭首坐腕拉筋骨，臂引身躯弓步成。

①接上式。提左膝，脚尖向下，右腿站立，重心在右脚上；同时，两手（鹿指）从胯旁屈肘上抱于腰间，鹿指向前，手心朝上，目视前方，这个过程为吸气。（图3-169）

图3-169

②接上势不停。左脚向前迈步，身体重心前移并右转成左弓步，胸朝右侧，身体稍前倾，目视前方；同时，两手臂从腰间内旋向前伸出鹿指，手指均向前刺出，两脚用内力蹬地，左手向前推，力达掌根，右手向上撑架，要使用全身力量抵架（学两只公鹿抵架），做到外柔内刚，左手臂在下，手心向前，右手臂在上，手心朝上，这个过程为呼气。（图3-170、图3-170附图、图3-171、图3-171附图）

图3-170

图3-170附图

图3-171

图3-171附图

7. 回首观足左式

【歌诀】

转体松胯虚实成，双臂对弧如月弓。
回首疏通肝与胆，双目观足放光明。

接上式。起身站立微右转，重心移至右脚，左脚内扣，右转颈90° 向右看，随即，重心移至左脚，左腿屈膝坐胯，成右虚步，右腿伸直，脚尖点地；同时，两手臂随转体下落至两胯旁，随即向上抬起，在腹前交叉，经胸前向上划弧捧起，左右分开，当两手臂打开与肩同宽时，继续向右扭头，右转颈90° 目视右脚尖，两手臂继续打开成怀中抱月状，左手停于头顶上方，右手停于右膝上方，手心遥遥相对，自然呼吸或开吸合呼，起身转体落手为吸气，屈膝坐胯两手打开为呼气。（图3-172、图3-172附图）

图3-172

图3-172附图

8. 翘首远望左式

【歌诀】

鹿角缠丝指太空，虚领顶劲要中正。
引体向上眺望眼，伸筋拔骨三焦通。

图3-173

图3-174

①接上式。脚在原地，双腿屈膝下蹲，随即身体左转90° ，双目平视；同时，两手下落至脚踝旁，这个过程为自然呼吸。（图3-173、图3-174）

图3-175

图3-176

②接上势不停。缓慢起身直立，重心在左脚，右腿在后伸直，右脚尖点地，脚心向后，成右虚步；同时，两手从腰间缓慢向上旋转举至头顶上方，两臂平行，与肩同宽，手心向前，手指向上，做到两手用全身力气向上牵拉身体，双目远视（极力眺望），这个过程为吸气。（图3-175、图3-176）

③接上势不停。两脚原地不动，自然站立，身体保持中正；两手向左右两侧下落至两胯旁，这个过程为呼气。

9. 成鹿亮角右式

【歌诀】

成鹿嬉戏触角争，两臂缠丝功内行。

扭首坐腕拉筋骨，臂引身躯弓步成。

①接上式。重心移至右脚，以左脚跟为轴，脚尖外展，身体左转，随即重心再移到左脚上，左腿直立，右腿屈膝提起，脚尖向下；同时，两手从胯两旁屈肘上抱于腰间，手心向上，手指向前，这个过程为呼气。（图3-177）

图3-177

②接上势不停。右脚向前迈步，右转体90°，身体重心前移成右弓步，胸朝左侧，身体稍前倾，目视前方；同时，两手臂从腰间内旋向前伸出鹿指，手指均向前刺出，两脚用内力蹬地，右手向前推，力达掌根，左手向上撑架，要使用全身力量抵架（学两只公鹿抵架），做到外柔内刚，右手臂在下，手心向前，左手臂在上，手心朝上，这个过程为呼气。（图3-178、图3-178附图、图3-179、图3-179附图）

图3-178

图3-178附图

图3-179

图3-179附图

10. 回首观足右式

【歌诀】

转体松胯虚实成，双臂划弧如月弓。

回首疏通肝与胆，双目观足放光明。

接上式。起身站立微左转，重心移至左脚，右脚内扣，左转颈90° 向左看，随即，重心移至右脚，右腿屈膝坐胯，成左虚步，左腿伸直，脚尖点地；同时，两手臂随转体下落至两胯，随即向上抬起，在腹前交叉，经胸前向上划弧捧起，左右分开，当两手臂打开与肩宽时，继续向左扭头，左转颈90° ，目视左脚尖，两手臂继续打开成怀中抱月状，右手停于头顶上方，左手停于左膝上方，手心遥遥相对，自然呼吸或开吸合呼，起身转体落手为吸气，屈膝坐胯两手打开为呼气。（图3-180、图3-180附图）

图3-180

图3-180附图

11. 翘首远望右式

【歌诀】

鹿角缠丝指太空，虚领顶劲要中正。

引体向上眺望眼，伸筋拔骨三焦通。

图3-181

图3-182

①接上式。脚在原地，双腿屈膝下蹲，随即身体右转90° ，双目平视；同时，两手下落到脚踝旁再向上抬至腰间，这个过程为自然呼吸。（图3-181、图3-182）

图3-183

图3-184

②接上势不停。缓慢起身直立，重心在右脚，左腿在后伸直，左脚尖点地，脚心向后，成左虚步；同时，两手从腰间缓慢向上旋转举至头顶上方，两臂平行，与肩同宽，手心向前，手指向上，做到两手用全身力气向上牵拉身体，双目远视（极力眺望），这个过程为吸气。（图3-183、图3-184）

12. 返回鹿巢

【歌诀】

蹬地腾空转躯身，双臂划圆如车轮。

刺激肝胆气血活，急驰奔走脚要稳。

（1）返回鹿巢左式

①接上式。重心移至右脚，右腿直立，左腿屈膝提起，随即，左脚向后撤步落脚，然后再蹬地使身体腾空，在空中左转体360°，右脚先落，左脚后落；左脚在后，右脚在前，侧身站立；同时，两手臂由上向下顺时针划立圆，头部和上身随着手臂划立圆也下俯划圆（身躯如玩耍车滚轮），再起身直立，双目环视，起身跳起为吸气的过程，身体下落为呼气的过程。（图3-185～图3-189）

图3-185

图3-186

图3-187

图3-188

图3-189

②接上势不停。重心移至左脚，右脚上提，脚尖点地，侧身站立；同时，两手收抱于腰间，手心朝上，目视后方再向前方，这个动作为吸气的过程。（图3-190、图3-191）

图3-190

图3-191

③接上势不停。侧身，右脚向前方迈出，重心前移成右弓步；同时，两手臂从腰间内旋向前伸出鹿指，手指均向前刺出，两脚用内力蹬地，右手向前推，力达掌根，左手向上撑架，要使用全身力量抵架（学两只公鹿抵架），做到外柔内刚，右手臂在下，手心向前，左手臂在上，手心朝上，目视前方，这个过程为呼气。（图3–192、图3–192附图、图3–193、图3–193附图）

图3–192

图3–192附图

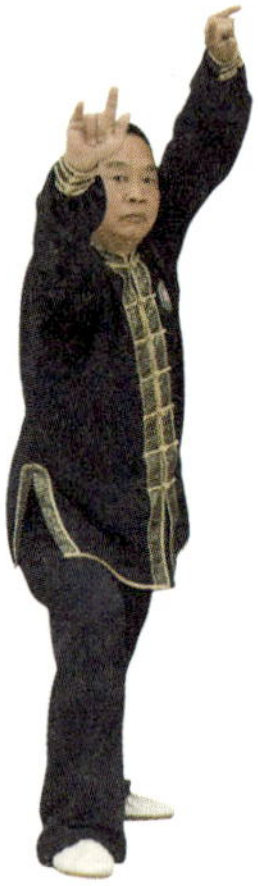

图3–193

图3–193附图

（2）返回鹿巢右式

①接上式。起身，重心移在左脚上，左腿直立，右腿屈膝提起，随即，右脚向后撤步落脚，然后再蹬地使身体腾空，在空中右转体360°，左脚先落，右脚后落；右脚在后，左脚在前，侧身站立；同时，两手臂由上向下逆时针划立圆，头部和上身随着手臂划立圆也下俯划圆（身躯如玩耍车滚轮），再起身直立，双目环视，起身跳起的过程为吸气，身体下落的过程为呼气。（图3–194～图3–197）

图3－194

图3－195

图3－196

图3－197

图3-198

②接上势不停。重心移至右脚，左脚上提，脚尖点地，侧身站立；同时，两手收抱于腰间，手心朝上，目视后方再向前方，这个动作为吸气过程。（图3-198）

③接上势不停。侧身，左脚向前方迈出，重心前移成左弓步；同时，两手臂从腰间内旋向前伸出鹿指，手指均向前刺出，两脚用内力蹬地，左手向前推，力达掌根，右手向上撑架，要使用全身力量抵架（学两只公鹿抵架），做到外柔内刚，左手臂在下，手心向前，右手臂在上，手心朝上，目视前方，这个过程为呼气。（图3-199、图3-199附图、图3-200、图3-200附图）

图3-199

图3-199附图

图3-200

图3-200附图

13. 觅巢扒草

【歌诀】

松腰坐胯半月明，侧身扭首扒草能。

舒展手臂下肢活，通络利足血气行。

（1）觅巢扒草左式

①接上式。重心移至右脚，侧身站立，再右腿屈膝坐胯，左腿伸直，脚尖点地成左虚步；同时，两手从上向下左右划弧落至胯旁，再向上划弧，经腹前交叉、胸前交叉向头上方掤起，再左右分开，怀中抱月成半月形，当两手打开与肩同宽时，扭头看左脚前方，左手在腹部前方，手心向上，右手在头顶后上方，手心斜向下，两手心遥遥相对（两手的轨迹是：左手臂向下、向上划弧，再向下至左腹前，右手臂从上向右后方下落至右胯旁，再向上划弧经腹胸前至头顶上方），目视前方，自然呼吸，或者两手左右打开的过程为吸气，两手下落的过程为呼气；两手从胯旁向上掤起打开的过程为吸气，两手左右打开向下划弧的过程为呼气。（图3-201、图3-201附图）

图3-201

图3-201附图

②接上势不停。右脚原地不动，侧身，上体姿势保持不变，左腿屈膝提起，上提膝使大腿与地面平行，或膝盖高于平行面，左脚尖用力扒地，拟扒草状，连做3次，双目前下视，自然呼吸。（图3-202、图3-202附图）

图3-202

图3-202附图

（2）觅巢扒草右式

①接上式。左脚向后撤步，身体左转180°，侧身站立；同时，两手向左右下落到两胯旁。双目环视至左侧，自然呼吸。随后重心移至左脚，侧身站立，再左腿屈膝坐胯，右腿伸直，脚尖点地成右虚步；同时，两手从胯旁向上划弧，经腹前交叉、胸前交叉向头上方掤起，再左右分开，怀中抱月成半月形，当两手打开与肩同宽时，扭头看右脚前方，右手在腹部前方，手心向上，左手在头顶后上方，手心斜向下，两手心遥遥相对，目视前方，自然呼吸，或者两手从胯向上掤起打开的过程为吸气，两手左右打开向下划弧的过程为呼气。（图3-203、图3-203附图）

图3-203

图3-203附图

②接上势不停。左脚原地不动，侧身，上体姿势保持不变，右腿屈膝提起，上提膝使大腿平行地面，或膝盖高于平行面，右脚尖用力扒地，拟扒草状，连做3次，双目前下视，自然呼吸，或者，向上提膝扒草为吸气，向下落脚为呼气。（图3-204、图3-204附图）

图3-204

图3-204附图

14. 安卧鹿巢

【歌诀】

转身屈膝坐稳盘，双臂螺旋刺青天。

虚领中正三焦理，平舒肝火脏安然。

（1）安卧鹿巢左式

①接上式。右腿下落，以两脚前脚掌为轴，向左后转身后看，侧身站立，随即重心从左脚移至右脚，右腿屈膝坐胯成左虚步；同时，两手臂向下落到两胯旁，随即向上划弧，经腹前、胸前交叉，再向头顶上方掤起，然后左右分开成半月形，当两手打开与肩同宽时，扭头看左脚前方，左手在腹部前方，手心向上，右手在头顶后上方，手心斜向下，两手心遥遥相对为自然呼吸，或者两手从胯向上掤起打开的过程为吸气，两手左右打开向下划弧的过程为呼气。（图3-205、图3-205附图）

图3-205

图3-205附图

②接上势不停。右脚向前迈进一步并落步扣脚，身体左转270°，左脚在前、右脚在后成交叉步站立；同时，两手左挽花，即左手向上、向下划弧，右手向下、向上划弧，两手臂经胸前交叉，随即再向头顶上方掤起，左右打开与肩同宽，目视前方，这个过程自然呼吸或吸气。（图3-206～图3-208）

图3-206

图3-207

图3-208

③接上势不停。两脚在原地不动，两腿屈膝下蹲成歇步；同时，两手臂从上向左右、向下划弧至胯旁再上收抱于胸前，手心向上，指尖向前，目视前方，这个过程为一次呼吸气。（图3–209）

④接上势不停。下蹲成歇步不动，两手从腰间向上旋转刺出，两手高举至头顶上方，手心向前，指尖向上，两手臂与肩同宽，目视前方，这个过程为一次呼吸。（图3–210）

图3–209

图3–210

（2）安卧鹿巢右式

①接上式。起身，身体右转90°，侧身站立，重心移至左脚，左腿屈膝坐胯成右虚步；同时，两手臂从头顶上方向左右下落至两胯旁，随即向上划弧，经腹前、胸前交叉向头顶上方掤起，再左右分开成半月形，当两手打开与肩同宽时，扭头看右脚前方，右手在腹部前方，手心向上，左手在头顶后上方，手心斜向下，两手心遥遥相对，自然呼吸，或者两手从胯旁向上掤起打开的过程为吸气，两手左右打开向下划弧的过程为呼气。（图3–211、图3–211附图）

图3–211

图3–211附图

②接上势不停。左脚向前迈进一步并落步扣脚，身体右转270°，右脚在前、左脚在后成交叉步站立；同时，两手右挽花，即右手向上、向下划弧；左手向下、向上划弧，两手臂经胸前交叉，随即两手臂再向头顶上方掤起，左右打开与肩同宽，目视前方，这个过程自然呼吸或吸气。（图3–212、图3–213）

图3–212

图3–213

图3–214

③接上势不停。两脚在原地不动，两腿屈膝下蹲成歇步；同时，两手臂从上向左右、向下划弧至胯旁再上收抱于胸前，手心向上，指尖向前，目视前方，这个过程为一次呼吸。（图3–214）

④接上势不停。下蹲成歇步不动，两手从腰间向上旋转刺出，两手高举至头顶上方，手心向前，指尖向上，两手臂与肩同宽，目视前方，这个为一次呼吸。（图3–215）

图3–215

15. 鹿戏调息式

【歌诀】

自然站立双臂起，起吸落呼调神气。

气沉丹田壮元本，好触嬉戏敛心底。

①接上式。起身站立，重心移到右脚，左脚向前上步，右脚靠拢，保持两脚与肩同宽，自然站立；同时，两手外旋经胸前下落至两胯旁，随即鹿指变掌，目视前方，这个过程为呼气。（图3-216）

图3-216

②接上势不停。两脚原地不动，自然站立，目视前方，两手臂向左右两侧舒展打开，从下向上缓慢抬起至头顶上方，手心相对，与肩同宽，为合抱掌，目视前方，这个过程为吸气。（图3-217、图3-218）

图3-217

图3-218

③接上势不停。两脚原地不动，自然站立，两臂屈肘，两手从头顶上方向下落，经胸前两手指尖相对，沿体前缓慢下按至腹前，下沉手腕，再松腕，手继续下落至两胯旁，手指向下，手心向里，两臂自然下垂，目视前方，恢复成起势。（图3-219～图3-221）

图3-219

图3-220

图3-221

第五节　熊戏规范动作图解

扫码看演示视频

1. 坐洞舔爪左式

【歌诀】

黑熊虽笨内心灵，浑厚沉稳力无穷。

虚实变换肩带臂，意守劳宫脾安生。

①接起势。两手为熊掌，身体左转45°，左脚向左前方迈进一步，身体重心由右脚向左脚移动；同时，左手从胯旁向左前方缓慢抬起向上划弧（幅度大），手心向上，右手向右后方划弧（幅度小），手心向后停于右胯旁，目视左手，这个过程为吸气过程。（图3-222、图3-223）

②接上势不停。重心移至右脚，右腿屈膝坐胯成左虚步；同时，左手向上、向下划弧，幅度要大，屈臂、手心向内至口部，表示充饥，再下落至左胯旁；右手在腹前也向左前方、向上划弧，幅度要小，手心向下，目视左前方，这个过程为呼气过程。（图3-224）

图3-222

图3-223

图3-224

以上两个动作连续做3次舔爪，重心也前后移动3次。两手前后划立圆3周，左手向左前方划弧幅度要大，右手在腹前划弧幅度要小。

2. 黑熊探爪

【歌诀】

转体疾步向前探，以腰为轴胯划圆。

胯带肩臂躯要松，双目环视意劳瑞。

（1）黑熊探爪左式

接上式。重心移至右脚，身体微右转，左脚向右脚内侧靠拢；随即，向左转体，左脚向左前方45°快速迈进一步，重心前移至左脚，右脚紧跟半步成鸡形步；同时，双手向左前方探出，速度要快，发力要猛，力达手掌，手心向下，左手在前、右手在后，两手相距与肩同宽；动作不停，继续向左缓慢转体，转至转不动为止，重心移至右脚，再向右缓慢转体，转至转不动为止；同时，两手臂随着转体逆时针连续缓慢划弧1周，回收至两胯旁；同时，胯也随着逆时针连续缓慢划弧1周；两眼环视1周，自然呼吸，或者重心前移，手向前探出发力的过程为呼气；重心后移，手向后划弧收回的过程为呼气。以上动作，连续做3次。（图3-225～图3-228）

图3-225

图3-226

图3-227

图3-228

（2）黑熊探爪右式

重心移至左脚，身体微左转，右脚向左脚内侧靠拢；随即，向右转体，右脚向右前方45° 快速迈进一步，重心移至右脚，左脚紧跟半步成鸡形步；同时，双手向右前方探出，速度要快，发力要猛，力达手掌，手心向下，右手在前、左手在后，两手相距与肩同宽；动作不停，继续向右缓慢转体，转至转不动为止，重心前移至左脚，再向左缓慢转体，转至转不动为止；同时，两手臂随着转体逆时针连续缓慢划弧1周，回收至两胯旁；同时，胯也随着逆时针连续缓慢划弧1周；两眼环视，自然呼吸，或者重心前移，手向前探出发力的过程为呼气；重心后移，手向后划弧收回的过程为呼气。以上动作，连续做3次。（图3-229 ~ 图3-231）

图3-229

图3-230

图3-231

3. 笨熊游走左式

【歌诀】

领肩提髋周身松，神引首转意守中。
缓落大趾先着地，逐步踏实脾胃通。

①接上式。重心在左脚，右脚内扣，重心再移至右脚，向上提左髋，左腿屈膝提起，身体左转，左脚向左后侧迈步，左脚尖先着地（用自身重量挤压大脚趾、二脚趾），然后逐步踏实，脚尖外摆；迈左脚提左髋时，右肩向前领肩，右手从右胯旁向上提起至胸前膻中穴处，左手停在左胯旁，向左扭头，这个过程为吸气；紧接着，左脚迈步落脚时，右肩向下沉肩，右手经左章门穴下按至腹前丹田、气海穴处，手心向下，向右扭头看，这个过程为呼气。（图3-232、图3-233）

图3-232

图3-233

图3-234

图3-235

②接上势不停。继续向左转体，向上提右髋，下落左髋，提起右脚向左后侧方向继续迈步，也是脚尖先着地，然后逐步踏实，脚内扣；迈右脚提右髋时，左肩向前领肩，左手从左胯旁向上提起至胸前膻中穴处，右手停在右胯旁，向右扭头，这个过程为吸气；紧接着，右脚迈步落脚时，左肩向下沉肩，左手经右章门穴下按至腹前丹田、气海穴处，手心向下，向左扭头，这个过程为吸气。（图3-234、图3-235）

以上游走动作要缓慢，在转体缓慢走动时，尽量做到提髋领肩（目的是肩与胯合，挤压脏腑），提左髋领右肩，抬右手，然后再落左髋沉右肩、下按右手；提右髋领左肩，抬左手，然后再落右髋沉左肩、下按左手；左右脚交替行走6步成圆；随着走动，两手的运动轨迹就是在胸前、腹前划立圆（右手从右胯旁抬起经右章门、膻中、左章门、下丹田回到右胯旁；左手从左胯旁抬起经左章门、膻中、右章门、下丹田回到左胯旁），双目左右环顾；走路的过程中两腿微屈，尽量用脚掌行走，也可以自然呼吸。年长者可全脚着地。（图3-236～图3-243）

图3-236

图3-237

图3-238

图3-239

图3-240

图3-241

图3-242

图3-243

4. 笨熊猛击左式

【歌诀】

运身蓄力要松骨，弹抖发力从跟出。

腰劲带臂力达手，蓄吸发呼运化物。

①接上式。两脚原地不动，身体缓慢左转，重心偏向左脚；同时，两手向左方划平弧半周，手心向下，手划弧的高度与腰平，同时双目从右向左环视，这个过程为吸气。（图3-244）

图3-244

图3-245

②接上势不停。两脚原地不动，身体再缓慢右转，重心移至右脚，左脚收回右脚内侧，脚尖点地或悬空；同时，两手收回腰间，握空拳，拳心向上，双目从左向右环视，这个过程为吸气。（图3-245）

以上动作的身体重心在两脚之间移动，双目左右环视，左右转体收拳于腰间的动作要缓慢，吸气也要缓慢。

图3-246

③接上势不停。身体左转，右脚蹬地，左脚向左前方快速迈一步，随即右脚跟进半步成鸡行步；同时，双手握空拳从腰间旋转击出，拳心向下，力达拳面，目视左前方，上步击拳这个过程为快呼气。（图3-246）

5. 笨熊游走右式

【歌诀】

领肩提髋周身松，神引首转意守中，

缓落大趾先着地，逐步踏实脾胃通。

①接上式。身体微右转，重心移至右脚，左脚内扣，重心再移到左脚；同时，两手由拳变掌下落到两胯旁，双目从左向右环视。

②接上势不停。重心在左脚，向上提右髋，右腿屈膝提起，身体右转，提起右脚向右后侧迈步，右脚尖先着地（用自身重量挤压大脚趾、二脚趾），然后逐步踏实，脚尖外摆；迈右脚提右髋时，左肩向前领肩，左手从左胯旁向上提起至胸前膻中穴处，右手停在右胯旁，向右扭头，这个过程为吸气；紧接着，右脚迈步落脚时，左肩向下沉肩，左手经右章门穴下按至腹前丹田、气海穴处，手心向下，向左扭头看，这个过程为呼气。（图3-247、图3-248）

图3-247

图3-248

图3-249

图3-250

③接上势不停。继续右转体，向上提左髋，下落右髋，提起左脚向右后继续迈步，也是脚尖先着地，然后逐步踏实，脚内扣；同时，迈左脚提左髋时，右肩向前领肩，右手从右胯旁向上提起至胸前（膻中穴处），左手停在左胯旁，向左扭头，这个过程是吸气；紧接着，左脚迈步落脚时，右肩向下沉肩，右手经左章门穴下按至腹前（丹田、气海处），手心向下，向右扭头向前看，这个过程为吸气。（图3-249、图3-250）

以上游走动作要缓慢，在转体缓慢地走动时，尽量做到提髋领肩（目的是肩与胯合，挤压脏腑），提右髋领左肩，抬左手，然后再落右髋沉左肩，下按左手；提左髋领右肩，抬右手，然后再落左髋沉右肩，下按右手；右脚和左脚交替行走6步成圆；随着走动，两手的运动轨迹就是在胸前、腹前划立圆（左手从左胯旁抬起经左章门、膻中、右章门、下丹田回到左胯旁；右手从右胯旁抬起经右章门、膻中、左章门、下丹田回到右胯旁），双目左右环顾；走路的过程中两腿微屈，尽量用脚掌行走，也可以自然呼吸。年长者也可全脚着地。（图3-251～图3-258）

图3-251

图3-252

图3-253

图3-254

图3-255

图3-256

图3-257

图3-258

6. 笨熊猛击右式

【歌诀】

运身蓄力要松骨，弹抖发力从跟出。

腰劲带臂力达手，蓄吸发呼运化物。

①接上式。两脚原地不动，身体缓慢右转，重心偏向右脚；同时，两手向右方划平弧半周，手心向下，手划弧的高度与腰平，同时双目从左向右环视，这个过程为吸气。（图3-259）

图3-259

②接上势不停。两脚原地不动，身体缓慢左转，重心移至左脚，右脚收回左脚内侧，脚尖点地或悬空；同时，两手收回腰间，握空拳，拳心向上，双目从右向左环视，这个过程为吸气。（图3-260）

以上动作的身体重心在两脚之间移动，双目左右环视，左右转体收拳至腰间的动作要缓慢，吸气也要缓慢。

图3-260

图3-261

③接上势不停。身体右转，左脚蹬地，右脚向右前方快速迈一步，随即左脚跟进半步成鸡行步；同时，双手握空拳从腰间旋转击出，拳心向下，力达拳面，目视右前方，上步击拳这个过程为快呼气。（图3-261）

7. 笨熊晃体左式

【歌诀】

前后晃动肩划圆，肩带躯臂脾胃安。

虚实转换松腰胯，起吸落呼意中脘。

①接上式。重心移至左脚，扣右脚，身体左转体90°，重心移至右脚，左脚向左前方45°迈进一步，侧身重心逐步缓慢移至左脚成左弓步，上身微左前倾，右脚跟拔起，脚掌着地，做到左肩挤压左胯；同时，左肩向前下沉再向前扛起，左手同时向左前方抬起，高不过肩；右肩向上扛起，右手向右后方抬起，目视左前方，这个过程为吸气。（图3-262～图3-264）

图3-262

图3-263

图3-264

②接上势不停。左脚原地不变，向左转身体，重心缓慢逐步后移至右脚，右腿屈膝向后坐胯，松腰沉胯，上身保持中正，左腿随重心后移慢慢伸直成左虚步，脚跟着地，脚尖向上，做到右肩挤压右胯；同时，左肩向上、向后、向下划弧成立圆做晃体动作，左手臂向上、向后、向下逆时针划弧成立圆，手高不过肩，然后左手收回左胯旁；同时，右肩向下、向前、向上抬起划弧成立圆做晃体动作，右手臂从后向前、向上逆时针划弧抬起成立圆，高不过肩，目视左前方，这个过程为呼气。（图3-265、图3-265附图）

图3-265

图3-265附图

以上动作反复做3次。重心前后移动，动作要缓慢进行，左弓步、左虚步交替进行；随着重心转换，两肩划立圆，带动两臂也划立圆（自然伸开），做晃体动作。

8. 笨熊推掌左式

【歌诀】

欲进则退猛上前，翻掌发力大无边。

含胸拔背刚柔济，蓄吸发呼意旁丹。

①接上式。左脚原地不变，两手下落至两胯旁，重心从右脚缓慢向前移至左脚，左腿屈膝前弓，两手从两胯旁慢慢向左前方抄起至胸前，两臂平行，与肩同宽；同时，重心从左脚移至右脚，左脚尖翘起，目视左前方。（图3–266 ~ 图3–268）

图3–266

图3–267

图3–268

图3–269

②接上势不停。重心缓慢后移至右脚，向右微转体，右腿微屈独立，左脚收回，脚尖点地或者悬空成左虚步；同时，双手收回腰间或胸前，目视左前方，这个过程为吸气。（图3–269）

③接上势不停。身体微微右转然后快速向左转体；同时，左脚向左前方快速迈一大步，右脚跟进半步，左脚在前，右脚在后成鸡形步；同时，双手向左前方旋转推出，含胸拔背，力达掌根，指尖向上，目视左前方，这个过程为呼气。（图3-270）

图3-270

9. 笨熊抗臂左式

【歌诀】

蹬地腾空后抗臂，松腰坐胯蹲要稳。

含胸拔背力无穷，起吸落呼益精神。

①接上式。重心后移至右脚，左脚以脚跟为轴外展，身体向左转45°，重心再前移至左脚，右脚向左前方迈一步，与左脚平行，两脚与肩同宽，两腿微屈膝成马步；同时，两手臂缓慢下落至两胯再经腹前、胸前交叉向上捧起至头顶上方，向左右划弧一周回至腹前，手心向上，手指尖相对，含胸拔背，目视前方，这个过程为吸气。（图3-271～图3-275、图3-275附图）

图3-271

图3-272

图3-273

图3-274

图3-275

图3-275附图

②接上势不停。两脚蹬地，起身向后跳起，两脚同时落地，变成马步，身躯下落力达臀部，松腰坐胯；同时，双手从腹前经左右两侧向上划弧经胸前向下按至大腿上方（可按在大腿上，也可不按大腿），手心向下，两手指尖相对，含胸拔背，目视前方，这个过程为呼气。（图3-276、图3-277、图3-277附图）

图3-276

图3-277

图3-277附图

10. 笨熊晃体右式

【歌诀】

前后晃动肩划圆，肩带躯臂脾胃安。

虚实转换松腰胯，起吸落呼意中脘。

①接上式。重心移至右脚，左脚以脚跟为轴，脚尖外展，身体左转135°，重心再移至左脚，右腿屈膝提起，向右前方迈一步，侧身重心逐步缓慢移至右脚成右弓步，上身微右前倾，左脚跟拔起，脚掌着地，做到右肩挤压右胯；同时，右肩向前下沉，向前扛起，右手向右前方抬起，高不过肩；同时，左肩向上扛起，左手向左后方抬起，目视右前方，这个过程为吸气。（图3–278～图3–280）

图3–278

图3–279

图3–280

②接上势不停。右脚原地不变，向右转身体，重心缓慢逐步后移至左脚，左腿屈膝向后坐胯，上身保持中正，右腿随重心后移慢慢伸直成右虚步，脚跟着地，脚尖向上，做到左肩挤压左胯；同时，右肩向上、向后、向下划弧成立圆做晃体动作，右手臂向上、向后、向下逆时针划弧成立圆，手高不过肩，然后右手收回右胯旁，左肩向下、向前、向上抬起划弧成立圆做晃体动作，左手臂从后向前、向上逆时针划弧抬起成立圆，高不过肩，目视右前方，这个过程为呼气。（图3–281、图3–281附图）

图3-281

图3-281附图

以上动作反复做 3 次。重心前后移动，动作要缓慢进行，右弓步、右虚步交替进行；随着重心转换，两肩划立圆，带动两臂也划立圆（自然伸开），做晃体动作。

11. 笨熊推掌右式

【歌诀】

欲进则退猛上前，翻掌发力大无边。

含胸拔背刚柔济，蓄吸发呼意丹田。

①接上式。右脚原地不变，两手下落两胯旁，重心从左脚缓慢向前移至右脚，右腿屈膝前弓，两手从两胯旁慢慢向右前方抄起至胸前，两臂平行，与肩同宽，目视右前方。（图3-282、图3-283）

图3-282

图3-283

②接上势不停。重心缓慢后移至左脚，向左微转体，左腿微屈独立，右脚收回，脚尖点地或者悬空成左虚步；同时，双手收回腰间或者胸前，目视左前方，这个过程为吸气。（图3–284）

③接上势不停。身体微微左转然后快速向右转体；同时，右脚向右前方快速迈一大步，左脚跟进半步，右脚在前、左脚在后成鸡形步；同时，双手向右前方旋转推出，含胸拔背，力达掌根，指尖向上，目视右前方，这个过程为呼气。（图3–285）

图3–284

图3–285

12. 笨熊抗臂右式

【歌诀】

蹬地腾空后抗臂，松腰坐胯蹲要稳。

含胸拔背力无穷，起吸落呼益精神。

①接上式。重心后移至左脚，右脚以脚跟为轴外展，身体向右转45°，重心再前移至右脚，左脚向右前方迈一步，与右脚平行，两脚与肩同宽，两腿微屈膝成马步；同时，两手臂缓慢下落至两胯再经腹前、胸前交叉向上捧至头顶上方，向左右划弧一周回至腹前，手心向上，手指尖相对，含胸拔背，目视前方，这个过程为吸气。（图3–286 ~ 图3–290、图3–290附图）

图3–286

图3–287

图3–288

图3-289

图3-290

图3-290附图

②接上势不停。两脚蹬地，起身向后跳起，两脚同时落地，变成马步；同时，双手从腹前经左右两侧向上划弧再经胸前向下按至大腿上方（可按在大腿上，也可不按大腿），手心向下，两手指尖相对，含胸拔背，目视前方，这个过程为呼气。（图3-291、图3-292、图3-292附图）

图3-291

图3-292

图3-292附图

13. 贪熊攀树

【歌诀】

提膝前抱身中正，含胸拔背肩肘动。

引体向上调脾胃，虚领顶劲意劳宫。

（1）贪熊攀树左式

①接上式。起身落手，重心移至左脚，右脚向前迈一步踏实后，重心再移至右脚，随即左腿屈膝提起，右腿微屈独立，使大腿与地面平行，脚心向内；同时，两手从胯旁向胸前合抱，左手在上，右手在下，手心向内，如攀树状，目平视前方，动作要缓慢进行，这个过程为吸气。（图3-293～图3-295、图3-295附图）

图3-293

图3-294

图3-295

图3-295附图

②接上势。右脚原地不动，起身引体向上站立，重心在右脚，左脚向前落步成左虚步；同时，两手下按落于腹前，手心向内，再松腕落手于两胯，目视前方，动作要缓慢进行，这个过程为呼气。（图3–296、图3–296附图）

图3–296

图3–296附图

（2）贪熊攀树右式

①接上式。重心移至左脚，随即右腿屈膝提起，左腿微屈独立，使大腿与地面平行，脚心向内；同时，两手从胯旁向胸前合抱，右手在上，左手在下，手心向内，如攀树状，目平视前方，动作要缓慢进行，这个过程为吸气。（图3–297、图3–298、图3–298附图）

图3–297

图3–298

图3–298附图

②接上势。左脚原地不动，起身引体向上站立，重心在左脚，右脚向前落步成右虚步；同时，两手下按落于腹前，手心向内，再松腕落手于两胯，目视前方，动作要缓慢进行，这个过程为呼气。（图3-299、图3-299附图）

图3-299

图3-299附图

14. 怒熊拔树

【歌诀】

转身撤步双手拔，含胸拔背松腰胯。
怒目用力要协调，屈膝后坐益运化。

（1）怒熊拔树左式

①接上式。重心移至右脚，身体左转90° 成左虚步；同时，右手臂伸直从下向上抬起划弧至头顶上方，手心向上，左手弯曲抬至胸前，手心向下。以上动作要缓慢进行，目视右手方向，这个过程为吸气。（图3-300）

图3-300

②接上势不停。身体继续左转180°，左脚向后撤一大步，重心后移，左脚后移，左腿屈膝下蹲，右腿伸直成右仆步，上身微前倾；同时，两手向下划弧后拉，右手在前上，左手在后下，手心向下或双手心遥遥相对，模仿拔树状。以上动作要缓慢进行，目视双手，这个过程为呼气。（图3-301、图3-302、图3-302附图）

图3-301

图3-302

图3-302附图

图3-303

（2）怒熊拔树右式

①接上式。左脚原地不动，起身站立落手，随即身体右转90°；同时，双手向左后、向上抬起划弧至头顶上方，手心向上，右手弯曲抬至胸前，手心向下。以上动作要缓慢进行，目视左手方向，这个过程为吸气。（图3-303）

②接上势不停。身体继续右转90°，右脚向后撤一大步，重心后移，右腿屈膝下蹲，左腿伸直成左仆步，上身微前倾；同时，两手向下划弧后拉，左手在前，右手在后，手心向下或双手心遥遥相对，模仿拔树状。以上动作要缓慢进行，目视双手，这个过程为呼气。（图3-304、图3-305、图3-305附图）

图3-304

图3-305

图3-305附图

15. 坐洞舔爪右式

【歌诀】

黑熊虽笨内心灵，浑厚沉稳力无穷。
虚实变换肩带臂，意守劳宫脾安生。

①接上式。起身站立，两手下落，身体微左转，重心在右脚原地不动，左脚向后撤一步；同时，右手从胯旁向右前方缓慢抬起向上划弧（幅度大），手心向上，左手向左后方划弧（幅度小），手心向后停于左胯旁，目视右手，这个过程为吸气。（图3-306）

图3-306

图3-307

②接上势不停。重心移至左脚，左腿屈膝坐胯成右虚步；同时，右手向上、向下划弧，屈臂手心向内至口部，表示充饥，再下落至右胯旁；左手在腹前也向右前方、向上划弧，手心向下，目视右前方，这个过程为呼气。（图3-307）

以上两个动作连续做 3 次舔爪，重心也前后移动 3 次。两手前后划立圆 3 周，右手向右前方、向上划弧幅度要大，左手在腹前划弧幅度要小。

16. 熊戏调息式

【歌诀】

自然站立双臂起，起吸落呼调神气。

气沉丹田壮元本，收敛熊心暂不提。

①接上式。重心移至左脚，身体左转，右脚内扣，随后重心移至右脚，左脚向前迈步与右脚平行，两脚与肩同宽，自然站立，两手落至两胯旁，目视前方；随即，两手从两胯旁缓慢向左右两侧打开并向上抬至头顶上方，手心相对，与肩同宽，同时收腹提肛，这个过程为吸气。（图3-308 ~ 图3-311）

图3-308

图3-309

图3-310

图3-311

②接上势不停。两脚原地不动，自然站立，两臂屈肘，两手从头顶上方缓慢下落，经胸前沿体前缓慢下按至腹前，下沉手腕，再松腕，手继续下落至两胯旁，手指向下、手心向里，两臂自然下垂，松腹松肛，目视前方，恢复成起势。（图3-312～图3-314）

图3-312

图3-313

图3-314

第六节　猿戏规范动作图解

扫码看演示视频

1. 白猿欢跳

【歌诀】

左右欢跳身法灵，手极眼快双肩耸。

提膝独立左右望，意守鸠尾松紧功。

（1）白猿欢跳左式

①接起势。左脚向左侧横跳一步，脚掌先着地，然后全脚踏实，左腿微屈站立；同时，两手为龙爪（五指伸直张开，大拇指和小拇指内收使手心内含，食指、中指和无名指上翘），先左后右依次向胸前方出手伸臂摘果，随即收回变成勾手于胸前，两肘下坠。（图3-315～图3-317）

图3-315

图3-316

图3-317

图3-318

②左脚落地踏实，左腿独立站稳，右腿屈膝提起（膝尽量上提），小腿内收、脚尖向下，收腹提肛；同时，两手收回胸前后，立即耸肩（要极力上耸，微微停顿）；同时，扭头目视右上方；左手置于左耳旁，右手置于右胯上方，起跳的过程为吸气（要求快吸气），下落停留的过程为呼气（要求慢呼气），即快吸慢呼。（图3-318）

（2）白猿欢跳右式

①接上式。起身左脚蹬地，向右侧跳跃，身体放松，双手下落至胯旁，落右脚，向右侧横跳一步，脚掌先着地，然后全脚踏实，右腿微屈站立；同时，两手为龙爪（五指伸直张开，大拇指和小拇指内收使手心内含，食指、中指和无名指上翘），先右后左依次向胸前方出手伸臂摘果，随即收回变成勾手于胸前，两肘下坠。（图3-319、图3-320）

图3-319

图3-320

②右脚落地踏实，右腿独立站稳，左腿屈膝提起（膝尽量上提），小腿内收、脚尖向下，收腹提肛；同时，两手收回胸前后，立即耸肩（要极力上耸，微微停顿）；同时，扭头目视左上方；右手置于右耳旁，左手置于左胯上方，起跳的过程为吸气（要求快吸气），下落停留的过程为呼气（要求慢呼气），即快吸慢呼。（图3-321）

图3-321

（3）白猿欢跳左式

①接上式。起身右脚蹬地，向左侧跳跃，身体放松，双手下落至胯旁，落左脚，向左侧横跳一步，脚掌先着地，然后全脚踏实，左腿微屈站立；同时，两手为龙爪（五指伸直张开，大拇指和小拇指内收使手心内含，食指、中指和无名指上翘），先左后右依次向胸前方出手伸臂摘果，随即收回变成勾手于胸前，两肘下坠。（图3-322、图3-323）

图3-322

图3-323

②左脚落地踏实，左腿独立站稳，右腿屈膝提起（膝尽量上提），小腿内收、脚尖向下，收腹提肛；同时，两手收回胸前后，立即耸肩（要极力上耸，微微停顿）；同时，扭头目视右上方；左手置于左耳旁，右手置于右胯上方，起跳的过程为吸气（要求快吸气），下落停留的过程为呼气（要求慢呼气），即快吸慢呼。（图3-324）

图3-324

2. 白猿转身

【歌诀】

周身轻松步法灵，脚掌跳走勾在胸。

左抓右跳行六步，左顾右盼猿本性。

①接上式。重心在左脚原地不动，身体放松，向右转身落右脚，右脚着地随即脚掌用力蹬地，使身体腾空；随后，左脚下落，左脚着地随即脚掌用力蹬地，使身体腾空；左右脚脚掌交替用力蹬地腾空跳跃走步，即为踮步，连续踮步5步成半圆，即转身360° ，第6步左脚落脚为平行步，两脚平行，与肩同宽，两腿微屈。踮步跳动走步的过程中，两肩上耸拔背，勾手屈肘于胸前，双目环视一周后目视前方，自然呼吸或者是快吸快呼（起跳为吸气、下落为呼气）。（图3-325 ~ 图3-336）

图3-325

图3-326

图3-327

图3-328

图3-329

图3-330

图3-331

图3-332

图3-333

图3-334

图3-335

图3-336

②接上势不停。右顾左盼，随即左手先向左边伸手抓起成勾手收回停于左胸前，接着右手向左侧伸手抓起成勾手收回停于右胸前；同时，左脚向右经右脚前横跳，右脚随后跟着用力蹬地向右跳，即左右脚向右盖步横跳一步成马步，保持两脚平行，与肩同宽，松腰坐胯，落稳后向上耸肩拔背，目视左方，起跳的过程为吸气。（图3-337～图3-341）

图3-337

图3-338

图3-339

图3-340

图3-341

③接上势不停。双手保持勾手不变，双目从左向右环视，然后再从右向左环视，即左顾右盼。再从左向前看，定神正视前方。（图3–342 ~ 图3–344）

图3–342

图3–343

图3–344

3. 亮篷远望

【歌诀】

眼随手动打亮篷，手臂外旋疏心经。
沉肩坠肘松腰胯，屈膝下蹲丁步成。

①接上式。起身站立，身体左转90°，重心移至左脚，右脚尖点地；同时，右手由勾手变掌向下、向上经腹前、胸前向左后方划弧，手心向上，左手勾手不变停于左肋旁，眼随右手动，即从右前方勾手下看，再扭头往左后方看，这个过程为吸气。（图3–345、图3–346）

图3–345

图3–346

图3-347

②接上势不停。收右脚至左脚内侧，再双腿屈膝下蹲，成右丁步；同时，右臂屈肘，右手翻转外旋停在左眼眉上方，手心向下成打亮篷势，左手勾手停于左肋旁不变；随即两肩上耸，两腿下蹲成右手打亮篷势，快速扭头向右前上方看，这个过程为呼气。（图3-347）

以上动作快慢相间，从右向左转动作要缓慢，下蹲打亮篷、向右扭头动作要快速，目视右前上方为眺望。

4. 白猿欢纵右式

【歌诀】

提膝蹬地腾空旋，双臂挽花半空间。

起吸落呼意鸠尾，落身亮篷丁步现。

①接上式。起身，重心在左脚，身体微右转，右腿屈膝上提，小腿内收，脚尖下垂独步站立；同时，右手为自然掌内旋经左胸前下落至右胯旁，再向右上方抬起划弧至头的右上方；左勾手变为自然掌向左下划弧，停于左胯旁，目视前方，这个过程为吸气。（图3-348）

图3-348

②接上势不停。右脚向前迈一步并蹬地使身体腾空跃起，在空中向右转体 360° 后左脚向前迈一步先落地，重心在左脚，随即右脚向前迈步着地，重心在右脚，左脚点地站立；同时，双手为掌、手臂右挽花，即右手从上向左下经胸前再向上方逆时针划圆弧一周至头顶上方，左手从下向右上方经胸前再向上逆时针划圆弧一周至左胯旁，双目环视一周，右脚下落蹬地，右手下落的过程为呼气，右脚起跳、右手向上划弧至高处的过程为吸气。（图3–349 ~ 图3–353）

图3–349

图3–350

图3–351

图3–352

图3–353

③接上势不停。左脚收到右脚内侧成丁步，双腿屈膝下蹲，身体微向左回转，上身保持中正；同时，两手继续划弧半周，右手从头上方经胸前向左侧划弧停于右肋旁；左手从腹前向右、向上划弧，左臂屈肘翻转使左手停在右眼上方，手心向下成打亮篷势，随即两肩上耸，向左扭头，目视左后上方，这个过程为呼气。（图3-354）

图3-354

5. 白猿跪地左式

【歌诀】

起身上跳抓向前，落脚下跪松腰间。
扭首耸肩左右望，疏理三焦心乃安。

接上式。起身，身体右转45°，右脚蹬地起跳，左脚跟着向上跳跃；下落时左脚掌先着地，重心落在左脚上，左腿屈膝下蹲，上身微左倾，右脚向右侧伸出，右腿屈膝跪地；同时，左手为龙爪先向前上方抓起模仿摘果，再屈肘成勾手停于左耳旁，右手为龙爪向前上方抓起模仿摘果，再屈肘成勾手停于右肋下；双脚下落稳定后两肩上耸，收腹，头向左微倾，目视右前上方或正前方，起跳为吸气，下落为呼气，快吸慢呼。（图3-355 ~ 图3-360）

图3-355

图3-356

图3-357

图3-358

图3-359

图3-360

6. 白猿攀枝左式

【歌诀】

快速起跳单臂攀，虚领顶劲独立站。
引领颈椎与腰体，意守劳宫心焦安。

接上式。起身，左脚蹬地，右腿向上提起，随即右脚掌先着地，重心移至右脚，右脚独步站立，左腿屈膝提起，左大腿与地面平行，小腿内收、脚尖向下；同时，左手为掌先向上攀枝，再下落变为勾手停至左胯旁，右手为掌也向上攀枝，右臂用力向上伸直，五指微屈，手心向下，尤如手攀着树枝，目视左前方，起跳为吸气，下落为呼气，快吸慢呼。（图3-361～图3-364）

图3-361

图3-362

图3-363

图3-364

7. 白猿摘果左式

【歌诀】

蹬地前跳仙果摘，俯身昂首迈单腿。

举脚后伸求平衡，意守劳宫调心扉。

接上式。右脚用力蹬地使身体腾空向左前方踏跳，左脚下落向左前方迈步，左脚掌先着地再全脚踏实，重心移至左脚，随即向左前方俯身至与地面平行，右腿用力向右后伸，右小腿内收屈腿，脚心向上；同时，左手为龙爪用力向左前方伸出采果，手心向下，五指稍屈成抓果状，要使左手向左前方伸力与右腿向右后方伸力形成平衡力；右手下落屈肘，屈腕成勾手，勾手向下停于右肋旁；同时，抬头昂首，目视左手方向，起跳为吸气，下落为呼气，快吸慢呼。（图3-365、图3-366）

图3-365

图3-366

8. 白猿托桃左式

【歌诀】

起身后跳果托起，手心托桃外旋臂。

屈膝坐胯虚实明，起吸落呼养心气。

接上式。起身，左脚蹬地向右后方起跳，右脚向右后方下落着地，随即右腿屈膝坐胯，上身中正，左脚落到右脚左前方成左虚步，脚尖点地；同时，左手回抽并屈肘外旋，使手心向上成托桃状；右手臂屈肘，手心向上托着左肘，目视左手，起跳为吸气，下落为呼气，快吸慢呼。（图3-367 ~ 图3-369）

图3-367

图3-368

图3-369

9. 白猿献果左式

【歌诀】

托桃欢跳走一周，并脚俯身来所求。

心诚意守劳宫穴，臂旋心诚献仙寿。

①接上式。两手保持托桃姿势，身体左转，迈左脚踏跳走路（用力踏地使身体腾空向上），再迈右脚踏跳走圆，左右脚交替用脚掌着地，一起一落、上下跳动成踮步，周身放松，走6步成一圆圈，双目环视一周，自然呼吸，或者起跳为吸气，下落为呼气。（图3-370 ~ 图3-377）

图3－370

图3－371

图3－372

图3－373

图3－374

图3－375

图3－376

图3－377

②接上势不停，第6步右脚上步落脚时，与左脚平行，两脚与肩同宽，两手左右打开，面向左前方，目平视左前下方，这个过程为吸气。（图3–378、图3–379）

图3–378

图3–379

③接上势不停。两腿屈膝下蹲；同时，两手向下划弧经两胯、胸前向上外旋划弧，两手用力托起至头顶上方，手心向上做献桃动作（用力上托，如托重物，边蹲边托，上下对拉），目视左前下方，上托下蹲的过程为呼气。（图3–380、图3–381）

图3–380

图3–381

10. 白猿跪地右式

【歌诀】

起身上跳抓向前，落脚下跪松腰间。
扭首耸肩左右望，疏理三焦心乃安。

接上式。起身站立，两手随着起身内旋翻掌下按至丹田，再松腕下落至两胯旁，随后重心移至右脚，扣左脚向右转体90°，再将重心移至左脚，左脚用力蹬地起跳，右脚跟着向上跳跃；下落时右脚掌先着地，重心移至右脚，右腿屈膝下蹲，上身微右倾，左脚向左侧伸出，左腿屈膝跪地；同时，右手为龙爪先向前上方抓起模仿摘果，再屈肘成勾手停于右耳旁，左手为龙爪再向前上方抓起模仿摘果，再屈肘成勾手停于左肋下；双脚下落稳定后两肩上耸，收腹，头向右微倾，目视左前上方或正前方，起跳为吸气，下落为呼气，快吸慢呼。（图3-382～图3-387）

图3-382

图3-383

图3-384

图3-385

图3-386

图3-387

11. 白猿攀枝右式

【歌诀】

快速起跳单臂攀，虚领顶劲独立站。

引领颈椎与腰体，意守劳宫心焦安。

接上式。起身，右脚蹬地，左腿向上提起，随即左脚掌先着地，重心在左脚上，左脚独步站立，右腿屈膝提起，右大腿与地面平行，小腿内收、脚尖向下；同时，右手为掌先向上攀枝，再下落变勾手停至右胯旁，左手为掌也向上攀枝，左臂用力向上伸直，五指微屈，手心向下，尤如手攀着树枝，目视右前方，起跳为吸气，下落为呼气，快吸慢呼。（图3-388 ~ 图3-391）

图3-388

图3-389

图3-390

图3-391

12. 白猿摘果右式

【歌诀】

蹬地前跳仙果摘，俯身昂首迈单腿。

举脚后伸求平衡，意守劳宫调心扉。

接上式。左脚用力蹬地使身体腾空向右前方踏跳，右脚下落向右前方迈步，右脚掌先着地再全脚踏实，重心移至右脚，随即向右前方俯身至与地面平行，左腿用力向左后伸，左小腿内收屈腿，脚心向上；同时，右手为龙爪用力向右前方伸出采果，手心向下，五指稍屈成抓果状，要使右手向右前方伸，力与左腿形成平衡力；左手下落屈肘、屈腕成勾手，勾手向下停于左肋旁；同时，抬头昂首，目视右手方向，起跳为吸气，下落为呼气，快吸慢呼。（图3-392、图3-393）

图3-392

图3-393

13. 白猿托桃右式

【歌诀】

起身后跳果托起，手心托桃外旋臂。

屈膝坐胯虚实明，起吸落呼养心气。

接上式。起身，右脚用力蹬地向左后方起跳，左脚向左后方下落着地，随即左腿屈膝坐胯，上身中正，右脚落到左脚右前方成右虚步，脚尖点地；同时，右手回抽屈肘外旋，使手心向上并屈指朝上成托桃状，左手臂屈肘手心向上托着右肘，目视右手，起跳为吸气，下落为呼气，快吸慢呼。（图3–394～图3–396）

图3–394

图3–395

图3–396

14. 白猿献果右式

【歌诀】

托桃欢跳走一周，并脚俯身末所求。

心诚意守劳宫穴，臂旋心诚献仙寿。

①接上式。两手保持托桃姿势，身体右转，迈右脚用力踏跳走路（用力踏地使身体腾空向上），再迈左脚用力踏跳走圆，左右脚交替用脚掌着地，一起一落、上下跳动成踮步，周身放松，走6步成一圆圈，双目环视一周，自然呼吸或者起跳为吸气、下落为呼气。（图3–397～图3–404）

图3-397

图3-398

图3-399

图3-400

图3-401

图3-402

图3-403

图3-404

②第6步左脚上步落脚时，与右脚平行，两脚与肩同宽，两手左右打开，面向右前方，目平视左前下方，这个过程为吸气。（图3-405、图3-406）

图3-405

图3-406

图3-407

图3-408

③接上势不停。两腿屈膝下蹲；同时，两手向下划弧，经两胯、胸前向上外旋划弧，两手用力托起至头上方，手心向上做献桃动作（用力上托如托重物，边蹲边托，上下对拉），目视右前下方，上托下蹲的过程为呼气。（图3-407、图3-408）

15. 白猿欢纵左式

【歌诀】

提膝蹬地腾空旋，双臂挽花半空间。
起吸落呼意鸠尾，亮蓬落身丁步现。

①接上式。起身，两手随着起身内旋翻掌下按至丹田，再松腕落至两胯旁，接着重心移至左脚，右脚以脚后跟为轴，脚尖内扣，重心再移回右脚，向左转体 135°；随即左腿屈膝提起，小腿内收，脚尖下垂，独步站立，上身中正；同时，左手从下向左上方划弧抬起，至头顶左上方，右手停于右胯旁不动，目视前方，这个过程为吸气。（图3-409～图3-411）

图3-409

图3-410

图3-411

②接上势不停。左脚向前迈进一步并用力蹬地使身体腾空跃起，在空中向右转体 360°，右脚向前迈进一步先落地，重心在右脚，随即左脚向前迈步着地，重心在左脚上，右脚点地站立；同时，双手为掌，手臂左挽花，即左手从上向右下方经胸前再向上方逆时针划弧一周至头顶上方，右手从下向左上方经胸前再向上方逆时针划弧一周至右胯旁，双目环视一周，左脚下落蹬地左手同步下落的过程为呼气，左脚起跳左手向上划弧至高处的过程为吸气。（图3-412 ~ 图3-414）

图3-412

图3-413

图3-414

图3-415

③接上势不停。重心在左脚，左脚原地不动，右脚收到左脚内侧成丁步，两腿屈膝下蹲，身体微向右回转，上身保持中正；同时，两手继续划弧半周，左手从头上方经胸前向右侧划弧停于左肋旁；右手从腹前向左、向上划弧，目视右手，右臂屈肘，右手翻转停于左眼上方，手心向下成打亮篷势，随即两肩上耸，向右扭头，目视右前上方，这个过程为呼气。（图3-415）

16. 白猿抓痒

【歌诀】

转体挠花盘根生，抓痒手腕需轻灵。

屈指抓痒疏心经，心头喜悦在膻中。

（1）白猿抓痒左式

①接上式。重心移到右脚上，起身左转45°站立，随即右腿屈膝，松腰坐胯，左脚向前迈步成左虚步；同时，两手由勾手变为自然掌落至两胯旁，两手臂再从两胯旁向上经腹前交叉划弧捧起，再左右打开怀中抱月成半月状（右手臂经腹、胸前向前上方划弧至头顶上方，手心斜向下，左手臂经腹、胸前向上、向下划弧至左胯旁，屈腕手心向上），目视左手前方，自然呼气或者是起身的过程为吸气。（图3-416、图3-416附图）

图3-416

图3-416附图

②接上势不停。重心前移至左脚，右脚向前迈进一步，落脚内扣，随即向左转体270°两腿交叉站立，左脚在前成高歇步；同时，两手左挽花（左手在胸前由下向上划弧回到左胯旁，右手由上向右下经腹、胸前向上划弧，置于头顶右上方），双目环视后平视前方，自然呼吸或者是起身的过程为吸气。（图3-417～图3-419、图3-417附图）

图3-417

图3-417附图

图3-418

图3-419

③接上势不停。两脚原地不动，两腿屈膝下蹲盘坐成低歇步（盘根）；同时，两手继续左挽花，（左手在胸腹前由下向上划弧至左肋旁章门穴处，右手由上向右下经腹、胸前向上在胸前划弧至头的右耳门旁太阳穴处），随即扭头向右倾，目视左上方。这时低歇步缩身稍停，双手连贯抓痒3次，右手抓右鬓角（太阳穴处），左手抓左软肋处（章门穴处），自然呼吸或者是下蹲的过程为呼气。（图3-420）

图3-420

④接上势不停。歇步不变，扭头向左倾，目视右上方，这时低歇步缩身稍停，左手上抬至左耳旁抓左鬓角（太阳穴处），右手下落抓右软肋处（章门穴处），双手连贯抓痒3次，自然呼吸。（图3-421）

图3-421

图3-422

⑤接上势不停。歇步不动，扭头转正，目视前方，两手移至胸口处（膻中穴处，或者是剑突穴处），左右手同时连贯抓痒各3次。以上动作与呼吸的配合是自然呼吸或者是转体挽花的过程为吸气，下蹲盘根的过程为呼气，抓痒过程为自然呼吸。（图3-422）

（2）白猿抓痒右式

①接上式。起身站立，身体右后转90°，重心移至左脚，随即左腿屈膝、松腰坐胯，右脚向前迈步成右虚步；同时，两手落至两胯旁，两手臂再从两胯旁向上经腹前交叉划弧捧起，再左右打开怀中抱月成半月状（左手臂经腹、胸前向前上方划弧至头顶上方，手心斜向下，右手臂经腹、胸前向上再向下划弧至右胯旁，屈腕，手心向上），目视右手前方，自然呼气或者是起身的过程为吸气。（图3-423、图3-423附图）

图3-423

图3-423附图

②接上势不停。重心前移至右脚，左脚向前迈进一步，落脚内扣，随即向右转体270°两腿交叉站立，右脚在前成高歇步；同时，两手右挽花（右手在胸前由下向上划弧回到右胯旁，左手由上向左下经腹、胸前向上划弧置于头顶左上方）。双目环视后平视前方，自然呼吸或者是起身的过程为吸气。（图3-424～图3-426、图3-424附图）

图3-424

图3-424附图

图3-425

图3-426

③接上势不停。两脚原地不动，两腿屈膝下蹲盘坐成低歇步（盘根）；同时，两手继续右挽花，（右手在胸腹前由下向上划弧至右肋旁章门穴处，左手由上向左下经腹、胸前向上在胸前划弧至左耳门旁太阳穴处），左手划弧至左耳门旁（太阳穴），右手划弧至右肋旁（章门穴处），随即扭头向左倾，目视右上方。这时低歇步缩身稍停，双手连贯抓痒 3 次，左手抓左鬓角（太阳穴处），右手抓右软肋处（章门穴处），自然呼吸或者是下蹲的过程为呼气。（图3-427）

图3-427

④接上势不停。歇步不变，扭头向右倾，目视左上方，这时低歇步缩身稍停，右手上抬至右耳旁抓右鬓角（太阳穴处），左手下落抓左软肋处（章门穴处），双手连贯抓痒 3 次，自然呼吸。（图3-428）

图3-428

图3-429

⑤接上势不停。歇步不动，扭头转正，两手向胸前抓痒（膻中穴位置），左右手同时连贯抓痒各 3 次，目视前方；接上势不停，歇步不动，扭头转正，目视前方，两手移至胸口处（膻中穴处或者是剑突穴处），左右手同时连贯抓痒各 3 次。以上动作与呼吸的配合是自然呼吸或者是转体挽花的过程为吸气，下蹲盘根的过程为呼气，抓痒过程为自然呼吸。（图3-429）

17. 猿戏调息式

【歌诀】

自然站立双臂起，起吸落呼调神气。

气沉丹田壮元本，心安神定心猿意。

①接上式。起身站立，重心移至右脚，左脚向前上步靠拢右脚，保持两脚平行，与肩同宽，自然站立；同时，两手经腹前下落至两胯旁，目视前方，这个过程为自然呼吸。（图3-430）

图3-430

②接上势不停。两脚原地不动，自然站立，目视前方，两手臂向左右两侧舒展打开，从下向上缓慢抬起至头顶上方，手心相对，与肩同宽成合抱掌，目视前方，这个过程为吸气。（图3-431、图3-432）

图3-431

图3-432

③接上势不停。两脚原地不动，自然站立，两臂屈肘，两手从头上方屈肘沿体前缓慢下按至腹前，下沉手腕，再松腕，手继续下落至两胯旁，手指向下，手心向里，两臂自然下垂，目视前方，恢复成起势。（图3-433～图3-435）

图3-433

图3-434

图3-435

第七节　鸟戏规范动作图解

扫码看演示视频

1. 仙鹤跳枝

【歌诀】

起吸落呼身捷灵，调节手足阴阳经。

左右跳观意气海，常跳延年不老松。

（1）仙鹤跳枝左式

【动作图解】

接预备势。右脚用力蹬地，使身体向上腾空，左脚向左平跳一步，左脚落地时脚掌先着地然后逐步踏实，左腿微屈独步站立，重心在左脚上，上身保持中正，右腿屈膝提起，小腿内收，脚尖向下，脚心向后；同时，双手由掌变成鸟指（整个鸟戏全过程要保持鸟指不变），左手侧掌从胯旁向上挑起，屈臂抖腕成侧立掌，指尖向上，手心向右，右手侧掌从右胯旁屈臂向上抬起再下按至右胯旁，力达掌根，手心向左，指尖向前，先目视前方，落稳后扭头向右上方45°方向看；起吸落呼，快吸慢呼（起跳的过程为快吸气，下落的过程为慢呼气）。（图3-436～图3-440）

图3-436

图3-437

图3-438

图3-439

图3-440

（2）仙鹤跳枝右式

【动作图解】

接上式。左脚用力蹬地，使身体向上腾空，右脚向右平跳一步，右脚落地时脚掌先着地逐步踏实，右腿微屈独步站立，重心在右脚上，上身保持中正，左腿屈膝提起，小腿内收，脚尖向下，脚心向后；同时，双手由掌变成鸟指，右手侧掌从胯旁向上挑起，屈臂抖腕成侧立掌，指尖向上，手心向左，左手侧掌从左胯旁屈臂向上抬起再下按至左胯旁，力达掌根，手心向右，指尖向前，先目视前方，落稳后扭头向左上方45°方向看；起吸落呼，快吸慢呼（起跳的过程为快吸气，下落的过程为慢呼气）。（图3-441～图3-445）

图3-441

图3-442

图3-443

图3-444

图3-445

2. 白鹤飞翔左式

【歌诀】

肩带臂体单腿功，上下起伏身正中。

起吸落呼活关节，意守涌泉或劳宫。

【动作图解】

①接上式。重心保持在右腿成独步站立，上身保持中正，左腿下落屈膝，脚尖点地；同时，两手鸟指保持不变缓慢下落于两胯旁，自然呼吸。（图3-446）

图3-446

图3-447

②接上势不停。重心保持在右脚不变，右腿独步站立，左腿屈膝提起，小腿内收，脚尖向下，脚心向后；同时，两手臂从左右两侧向上缓慢抬起，手臂尽量向左右伸展打开，模仿鸟的飞翔动作，头向上虚领顶劲，身体保持中正，双臂向上抬，高不过头，收腹提肛，目视前方，这个过程为吸气。（图3-447）

以上动作连续做 3 次。

3. 群鹤落滩左式

【歌诀】

鹤落砂滩地质松，前俯后仰不稳定。

任督二脉全牵连，开吸合呼增肺功。

【动作图解】

①接上式。左脚向左下落与右脚平行、与肩同宽，随即右腿屈膝提起，然后缓慢下落，保持两脚平行、与肩同宽，重心在两脚中间；同时，两手臂在腹胸前交叉向上缓慢划弧掤起，左手臂在外，右手臂在里，至头上方时两手向左右打开，继续向下缓慢划弧至与肩平，手心向下，上身保持中正，目视前方；这个过程为慢慢吸气。（图3-448～图3-450）

图3-448

图3-449

图3-450

②接上势不停。两脚原地不动，两手臂向左右伸展外旋，手心向上，与地面平行；同时，身体向前送髋、挺腹、扩胸，双腿弯曲，上身缓慢向后仰，面朝天，双眼向上观天；这个过程为慢慢吸气。（图3-451）

图3-451

③接上势不停。两脚原地不动，上身向前缓慢俯身弯腰，低头垂地，两手臂内旋向上、向前、向下缓慢划弧至两脚前，手心随着俯身变化向下，两腿向后绷直，牵拉膀胱经，两脚后跟拔起、两前脚掌着地，或全脚踏实；同时，双目从上向下视，下俯弯腰的过程为慢慢呼气。（图3-452、图3-453）

图3-452

图3-453

④接上势不停。两脚原地不动，向上起身，双腿屈膝，送髋、挺腹、扩胸，上身缓慢向后仰，面朝天，双眼向上观天；同时，两手臂外旋向上划弧向左右伸展，手心向上，与地面平行；这个过程为吸气。（图3-454、图3-455）

图3-454

图3-455

⑤接上势不停。两脚原地不动，上身向前缓慢俯身弯腰，低头垂地，两手臂内旋向上、向前、向下缓慢划弧至两脚前，手心随着俯身变化向下，两腿向后绷直，牵拉膀胱经，两脚后跟拔起、两前脚掌着地或全脚踏实；同时，双目从上向下视，下俯弯腰的过程为慢慢呼气。（图3-456、图3-457）

图3-456

图3-457

4. 白鹤扑地左式

【歌诀】

两臂伸展如扁担，轮臂划圆活腰间。
弯腰挤按脏与腑，任督疏通肺安然。

【动作图解】

①接上式。两脚原地不动，保持与肩同宽，身体向左、向上转体起身直立；同时，右手臂自然伸直从右侧向左、向上划弧抬起至头顶上方，指尖向上，手心向前；左手臂自然伸直停于左胯外侧，手心向后，目视右手上方，起身这个过程为缓慢吸气。（图3-458、图3-459）

图3-458

图3-459

②接上势不停。两脚原地不动，保持与肩同宽，身体向右扭转下俯，低头垂地；同时，右手臂从上向右、向下缓慢划弧，再从右胯旁经身后向左、向上缓慢划弧一周，从身后向上伸展，手心向前，手指向上；同时，左手臂从下向左、向上经头顶上方向右、向下缓慢划弧一周，停于右脚前外侧，指尖向下，手心向右，目视左手，扭身下落这个过程为缓慢呼气。（图3-460～图3-462）

图3-460

图3-461

图3-462

③接上势不停。两脚原地不动，左手从下向右上方缓慢抬起，经头顶向左缓慢划弧，左手臂自然伸直向上伸展，手指向上，手心向前；同时，右手在身后从上向左、向下、向右缓慢划弧落于右胯旁；同时，在手臂的带动下身体向右、向上、向左扭转起身直立，目视左手，扭身起身这个过程为缓慢吸气。（图3-463、图3-464）

图3-463

图3-464

④接上势不停。两脚原地不动，身体向左扭转下俯，低头垂地；同时，左手臂从上向左、向下再从身后向右、向上缓慢划弧一周，在身后向上伸展，手心向后，手指向上；右手臂从右胯旁向右、向上经头顶上方向下缓慢划弧一周，停于左脚前外侧，指尖向下，手心向左，目视右手，扭身下落这个过程为缓慢呼气。（图3-465、图3-466）

图3-465

图3-466

5. 白鹤飞翔右式

【歌诀】

肩带臂体单腿功，上下起伏身正中。

起吸落呼活关节，意守涌泉或劳宫。

【动作图解】

①接上式。两脚原地不动，起身独步站立，上身保持中正，重心移至左脚，右腿屈膝，脚尖点地；同时，左手缓慢下落，两手自然下垂于两胯旁，手心向内，目视前方，自然呼吸。（图3-467、图3-468）

图3-467

图3-468

图3-469

②接上势不停。重心保持在左腿上，右腿屈膝提起，小腿内收，脚尖向下，脚心向后，左腿独步站立；同时，两手臂从左右两侧向上缓慢抬起，手臂尽量向左右伸展打开，模仿鸟的飞翔动作，头向上虚领顶劲，身体保持中正，两臂向上抬，高不过头，收腹提肛，目视前方，这个过程为吸气。（图3-469）

③接上势不停。重心保持在左腿上，左腿独步站立，右腿下落，脚尖点地，重心下移使整个身体下沉；同时，两手臂缓缓下落至两胯旁，松腹松肛，双目平视前方，这个过程为呼气。（同图3-468）

以上动作连做 3 次。

6. 群鹤落滩右式

【歌诀】

鹤落砂滩地质松，前俯后仰不稳定。

任督二脉全牵连，开吸合呼增肺功。

【动作图解】

①接上式。右脚向右下落，与左脚平行、与肩同宽，随即左腿屈膝提起，然后缓慢下落，保持两脚平行、与肩同宽，重心在两脚中间；同时，两手臂在腹胸前交叉向上缓慢划弧掤起，右手臂在外，左手臂在里，至头上方时两手向左右打开，继续向下缓慢划弧至与肩平，手心向下，上身保持中正，目视前方，这个过程为慢慢吸气。（图3–470 ~ 图3–472）

图3－470

图3－471

图3－472

图3－473

②接上势不停。两脚原地不动，两手臂向左右伸展外旋，手心向上，与地面平行；同时，身体向前送髋、挺腹、扩胸，双腿弯曲，上身缓慢向后仰，面朝天，双眼向上观天，这个过程为慢慢吸气。（图3–473）

③接上势不停。两脚原地不动，上身向前缓慢俯身弯腰，低头垂地，两手臂内旋向上、向前、向下缓慢划弧至两脚前，手心随着俯身变化向下，两腿向后绷直，牵拉膀胱经，两脚后跟拔起、两前脚掌着地，或全脚踏实；同时，双目从上向下视，下俯弯腰的过程为慢慢呼气。（图3–474、图3–475）

图3－474

图3－475

④接上势不停。两脚原地不动，向上起身，双腿屈膝，送髋、挺腹、扩胸，上身缓慢向后仰，面朝天，双眼向上观天；同时，两手臂外旋向上划弧向左右伸展，手心向上，与地面平行，这个过程为吸气。（图3–476、图3–477）

图3－476

图3－477

⑤接上势不停。两脚原地不动，上身向前缓慢俯身弯腰，低头垂地，两手臂内旋向上、向前、向下缓慢划弧至两脚前，手心随着俯身变化向下，两腿向后绷直，牵拉膀胱经，两脚后跟拔起，两前脚掌着地或全脚踏实；同时，双目从上向下视，下俯弯腰的过程为慢慢呼气。（图3-478、图3-479）

图3-478

图3-479

7. 白鹤扑地右式

【歌诀】

两臂伸展如扁担，轮臂划圆活腰间。
弯腰挤按脏与腑，任督疏通脉安然。

【动作图解】

①接上式。两脚原地不动，保持与肩同宽，身体向右、向上转体起身直立；同时，左手臂自然伸直从左侧向右、向上划弧抬起至头顶上方，指尖向上，手心向前；右手臂自然伸直停于右胯外侧，手心向后，目视左手上方，起身这个过程为缓慢吸气。（图3-480、图3-481）

图3-480

图3-481

②接上势不停。两脚原地不动，保持与肩同宽，身体向左扭转下俯，低头垂地；同时，左手臂从上向左、向下缓慢划弧，再从左胯旁经身后向右、向上缓慢划弧一周，从身后向上伸展，手心向前，手指向上；同时，右手臂从下向右、向上经头顶上方向左、向下缓慢划弧一周，停于左脚前外侧，指尖向下，手心向左，目视右手，扭身下落这个过程为缓慢呼气。（图3-482、图3-483）

图3-482

图3-483

③接上势不停。两脚原地不动，右手从下向左上方缓慢抬起，经头顶向右缓慢划弧，右手臂自然伸直向上伸展，手指向上，手心向前；同时，左手在身后从上向右、向下、向左缓慢划弧落于左胯旁；同时，在手臂的带动下，身体向左、向上、向右扭转起身直立，目视右手，扭身起身这个过程为缓慢吸气。（图3-484、图3-485）

图3-484

图3-485

④接上势不停。两脚原地不动，身体向右扭转下俯，低头垂地；同时，右手臂从上向右、向下再从身后向左、向上缓慢划弧一周，在身后向上伸展，手心向后，手指向上；左手臂从左胯旁向左、向上经头顶上方向下缓慢划弧一周，停于右脚前外侧，指尖向下，手心向右，目视左手，扭身下落这个过程为缓慢呼气。（图3-486、图3-487）

图3-486

图3-487

8. 转颈左顾

【歌诀】

原地转体盘根鸟，虚领中正转颈瞧。
撑天按地需两手，疏通经络健体好。

【动作图解】

①接上式。两脚原地站立，起身，两手下落于两胯旁；随即，重心移到左脚，右脚内扣，重心再移到右脚，左脚外摆，以两脚跟为轴身体向左后转体180°，成高交叉步站立，从右向左平环视向后看，这个过程为缓慢吸气。（图3-488、图3-489）

图3-488

图3-489

②接上势不停，重心下移，屈膝下蹲成左歇步（盘根）；同时，右手从下缓慢向头上方用力撑起，手心向上，力达掌根，左手缓慢向下用力下按，力达掌根，停于左胯旁；同时，缓慢向左扭头，双目平环视至后方，随后停留向右方平视，起身站立向左转体的过程为缓慢吸气，下蹲扭头平视两手上撑下按的过程为缓慢呼气。（图3-490、图3-490附图）

图3-490

图3-490附图

9. 单腿鹤楼左式

【歌诀】

转身提膝领劲功，两手阴阳形自成。

起吸落呼目视手，沉肩坠肘意劳宫。

【动作图解】

①接上式。头向上领劲，起身，左脚以脚跟为轴扣脚尖，右脚以脚前掌为轴摆脚跟，边起身边向右转体135°，面朝左前方站立，上身中正，含胸拔背，右腿直立站稳，左腿伸向左前方，前脚掌着地，重心在右脚上。（图3-491）

图3-491

②接上势不停。重心下移，右腿微屈膝独步站立，接着左腿屈腿向上提，小腿内收，脚尖自然向下；同时，左手臂从左胯旁向上缓慢划弧屈肘置于胸前，手心内含，指尖向上，手与眼眉同高；右手从头上方经胸前缓慢向下按，力达掌根，停于腹前（气海处、下丹田处），指尖向前，手心向下，目视左手方向，起身、转体、提腿的过程为缓慢吸气。（图3-492）

图3-492

图3-493

③接上势。右腿微屈膝独步站立，重心在右脚上，稍停留，接着左脚下落，似挨地非挨地，不要踏实；同时，两手自然下落至两胯旁，目视左前方，下落手脚的过程为呼气。（图3-493）

10. 飞鹤展翅左式

【歌诀】

以肩带臂全身松，开吸合呼肺量增。

重心转换分虚实，意守气海或劳宫。

【动作图解】

①接上式。左脚向左前方45° 迈出一步，左脚跟着地，随后重心缓慢前移，左腿屈膝成左弓步，右脚跟拔起，脚尖点地，上身微向左前倾；同时，两手臂向左前、向上缓慢划弧抬起，高不超过肩，手心相对，两手间距一拳宽，指尖朝左前方，目视左前方，这个过程为吸气。（图3-494、图3-495）

图3-494

图3-495

②接上势不停。重心缓慢后移，右腿屈膝后坐，左腿伸直成左虚步，左脚跟着地，脚尖向上；同时，两手臂向左右缓慢划弧舒展张开，手心向前，指尖向左右，目视左前方，这个过程为吸气。（图3-496）

图3-496

图3-497

③接上势不停。重心再次缓慢向左前方移动，左腿在前屈膝成左弓步，右腿在后，右脚跟拔起，脚尖点地；同时，两手臂向左前方缓慢划弧合抱，手心相对，指尖朝左前方，两手间距离一拳宽，目视左前方，这个过程为呼气。（图3-497）

以上动作连做3次。第3次重心前移，两手向左前方合抱后，手心相对，两手距离一拳宽，重心后移；同时两手下落至两胯旁，目视左前方，这个过程为呼气。

11. 转颈右盼

【歌诀】

原地转体盘根鸟，虚领中正转颈瞧。

撑天按地需两手，疏通经络健体好。

图3-498

图3-499

【动作图解】

①接上式。两脚原地站立，重心移至右脚上，左脚以脚后跟为轴内扣，重心再移到左脚，右脚以脚后跟为轴脚尖外摆，身体向右、向后转体225°，成高交叉步站立；同时，两手下落两胯旁。从左向右双目平环视，目视后方，这个过程为缓慢吸气。（图3-498、图3-499）

②接上势不停，重心下移，屈膝下蹲，成右歇步（盘根）；同时，左手从下缓慢向头上方用力撑起，手心向上，力达掌根，右手缓慢向下用力下按，也力达掌根，停于右胯旁；同时，缓慢向右扭头，双目平环视至后方，随后停留向左方平视。向右转体的过程是缓慢吸气，下蹲扭头平视、两手上撑下按的过程为缓慢呼气。（图3-500、图3-500附图）

图3-500

图3-500附图

12. 单腿鹤棲右式

【歌诀】

转身提膝领劲功，两手阴阳形自成。

起吸落呼目视手，沉肩坠肘意劳宫。

【动作图解】

①接上式。头向上领劲，起身站立，右脚以脚跟为轴扣脚尖，左脚以脚前掌为轴摆脚跟，边起身边向左转体135°，面朝右前方站立，上身中正，含胸拔背，左腿直立站稳，重心在左脚上。（图3-501）

图3-501

图3-502

②接上势不停。重心下移，左腿微屈膝成独步站立，接着右腿屈膝向上提起，小腿内收，脚尖自然向下；同时，右手臂从右胯旁向上缓慢划弧屈肘置于胸前，手心内含，指尖向上，手心与眼眉同高；左手从头上方经胸前缓慢向下按，力达掌根，停于腹前（气海处、下丹田处），指尖向前，手心向下，目视右手方向，起身、转体、提腿的过程为缓慢吸气。（图3-502）

③接上势。左腿微屈膝独步站立，重心在左脚上，稍停留，接着右脚下落，似挨地非挨地，不要踏实；同时，两手自然下落至两胯旁，目视右前方，下落手脚的过程为呼气。（图3-503）

图3-503

13. 飞鹤展翅右式

【歌诀】

以肩带臂全身松，开吸合呼肺量增。
重心转换分虚实，意守气海或劳宫。

【动作图解】

①接上式。右脚向右前方45° 方向迈出一步，右脚跟着地，随后重心缓慢前移，右腿屈膝成右弓步，左脚跟拔起，脚尖点地，上身微向右前倾；同时，两手臂向右前、向上缓慢划弧抬起，高不超过肩，手心相对，两手间距一拳宽，指尖朝右前方，目视右前方，这个过程为吸气。（图3–504、图3–505）

图3－504

图3－505

②接上势不停。重心缓慢后移，左腿屈膝后坐，右腿伸直成右虚步，右脚跟着地，脚尖向上；同时，两手臂向左右两侧缓慢划弧舒展张开，手心向前，指尖向左右，目视右前方，这个过程为吸气。（图3–506）

图3－506

③接上势不停。重心再次缓慢向右前方移动，右腿在前屈膝成右弓步，左腿在后，左脚跟拔起，脚尖点地；同时，两手臂向右前方缓慢划弧合抱，手心相对，指尖朝右前方，两手距离一拳宽，目视右前方，这个过程是呼气。（图3–507）

图3–507

以上动作连做3次。第3次时重心前移，两手向右前方合抱后，手心相对，两手距离一拳宽，重心后移；同时，两手下落至两胯旁，目视左前方，这个过程为呼气。

14. 群鹤净身左式

【歌诀】

以臂带肩虚实清，疏通手足阴阳经。

牵动任督二大脉，起吸落呼肺气增。

图3–508

【动作图解】

①接上式。重心后移至左脚，右脚内扣，脚尖朝前方，随后重心再移至右脚，左脚向右脚内侧收回，脚尖点地成左丁步；同时，身体左转90°，两手自然下落于两胯旁，目视左前方，自然呼吸。（图3–508）

②接上势不停。右脚原地不动，左脚向左前方迈进一步，脚跟先着地，随后重心前移至左脚，左腿屈膝成左弓步，右脚跟提起，脚尖点地，上身向左前方倾；同时，左手臂向左前方缓慢划弧向上抬起，手心向下，指尖向左前下方，手的高度在胸胯之间，右手向右胯右后方抬起，手心向下，目视左前下方，这个过程为缓慢吸气。（图3-509、图3-510）

图3-509

图3-510

③接上势不停。重心后移至右脚，右腿屈膝坐胯，上身保持中正，左腿自然伸直，脚跟着地，脚尖向上成左虚步；同时，左手臂向上缓慢划弧至头的上方，指尖向上，手心向左前方，右手臂下落至右胯旁，指尖向下，手心向后；目视左前方，这个过程为缓慢吸气。（图3-511）

图3-511

④接上势不停。两脚原地不动，左虚步不变，重心在右脚上，右腿屈膝坐胯，上身中正，向左转身，左手向后、向下缓慢划弧至左胯旁，指尖向下，手心向后；同时，右手从右胯旁向左前方缓慢抬起至头顶上方，指尖向上，手心向左前方，目视左前方，这个过程为缓慢呼气。（图3–512）

图3–512

图3–513

⑤接上势不停。两脚原地不动，重心前移至左脚，左腿屈膝成左弓步，右脚跟提起，脚尖点地，上身向左前方倾；同时，左手臂向左前方缓慢划弧向上抬起，手心向下，指尖向左前下方，手的高度在胸胯之间，右手从头顶上方向身后下落至右后方，手心向下，目视左前下方，这个过程为缓慢吸气。（图3–513）

⑥以上动作连续做 3 次。第3次结束时，两脚原地不动，左虚步不变，重心在右脚上，右腿屈膝坐胯，上身中正，向左转身，左手向后、向下缓慢划弧至左胯旁，指尖向下，手心向后；同时，右手从右胯旁向左前方缓慢抬起至头顶上方，指尖向上，手心向左前方，目视左前方；随即身体右转45°，左脚内扣调整脚尖朝前，随即重心移至左脚，右脚向前上步，落脚保持两脚平行、与肩同宽；同时，右手从头上方向右侧下落至右胯旁，两手自然下垂于两胯旁，目视前方，这个过程完成一个呼吸。（图3–514 ~ 图3–516）

图3-514

图3-515

图3-516

15. 摇身抖水左式

【歌诀】

屈膝下蹲意劳宫，边起边摇身中正。
从头到脚瞬间抖，肌腱百骸皆轻松。

【动作图解】

①接上式。重心在两脚中间，以腰椎为轴，以肩领劲，向左转体再向右转体，左右摇动身体，并保持肩与地面平行，边摇身边两腿屈膝缓慢下蹲，尽量保持上身中正；同时，两手臂自然下垂随着摇身自然摆动，目视前方，这个过程为呼气。（图3-517～图3-520）

图3-517

图3-518

图3-519

图3-520

②接上势不停。头先向上领劲，继续以腰椎为轴，以肩领劲左右摇动身体，边摇身边缓慢起身站立，并使身体向上拔起，提踵、脚掌着地，上身中正；同时，两手臂自然下垂随着摇身自然摆动，目视前方，站立的过程为吸气。（图3-521～图3-523）

图3-521

图3-522

图3-523

③接上势不停。站立上拔瞬间做抖水动作，从头到脚全身抖动，肩、臂、肘、手也瞬间抖动，抖动结束后身体自然下沉，全脚着地站立，恢复成自然状态，目视前方，这个过程为呼气。（图3-524、图3-525）

图3-524

图3-525

16. 群鹤净身右式

【歌诀】

以臂带肩虚实清，疏通手足阴阳经。

牵动任督二大脉，起吸落呼肺气增。

【动作图解】

①接上式。重心移至左脚，右脚向左脚内侧收回，脚尖点地成左丁步；同时，身体右转45°，两手自然下落于两胯旁，目视右前方，自然呼吸。（图3-526）

图3-526

②接上势不停。左脚原地不动，右脚向右前方迈进一步，脚跟先着地，随后重心前移至右脚，右腿屈膝成右弓步，左脚跟提起，脚尖点地，上身向右前方倾；同时，右手臂向右前方缓慢划弧向上抬起，手心向下，指尖向右前下方，手的高度在胸胯之间；同时左手向左胯左后方抬起，手心向下，目视右前下方，这个过程为缓慢吸气。（图3-527、图3-528）

图3-527

图3-528

③接上势不停。重心后移至左脚，左腿屈膝坐胯，上身保持中正，右腿自然伸直，脚跟着地，脚尖向上成右虚步；同时，右手臂向上缓慢划弧至头的上方，指尖向上，手心向右前方，左手臂下落至左胯旁，指尖向下，手心向后；目视右前方，这个过程为缓慢吸气。（图3-529）

图3-529

图3-530

④接上势不停。两脚原地不动，右虚步不变，重心在左脚上，左腿屈膝坐胯，上身中正，向右转身，右手向后、向下缓慢划弧至右胯旁，指尖向下，手心向后；同时，左手从左胯旁向右前方缓慢抬起至头顶上方，指尖向上，手心向右前方，目视右前方，这个过程为缓慢呼气。（图3-530）

⑤接上势不停。两脚原地不动，重心前移至右脚，右腿屈膝成右弓步，左脚跟提起，脚尖点地，上身向右前方倾斜；同时，右手臂向右前方缓慢划弧向上抬起，手心向下，指尖向右前下方，手的高度在胸胯之间，左手从头顶上方向后下落至左后方，手心向下，目视右前下方，这个过程为缓慢吸气。（图3-531）

图3-531

⑥以上动作连续做3次。第3次结束时，两脚原地不动，右虚步不变，重心在左脚上，左腿屈膝坐胯，上身中正，向右转身，右手向后、向下缓慢划弧至右胯旁，指尖向下，手心向后；同时，左手从左胯旁向右前方缓慢抬起至头顶上方，指尖向上，手心向右前方，目视右前方；随即身体左转45°，右脚内扣调整脚尖朝前，重心移至右脚，左脚向前上步，落脚保持两脚平行、与肩同宽；同时，左手从头顶上方向左侧下落至左胯旁，两手自然下垂于两胯旁，目视前方，这个过程完成一个呼吸。（图3-532～图3-534）

图3-532

图3-533

图3-534

17. 摇身抖水右式

【歌诀】

屈膝下蹲意劳宫，边起边摇身中正。

从头到脚瞬间抖，肌腱百骸皆轻松。

【动作图解】

①接上式。重心在两脚中间，以腰椎为轴，以肩领劲，向右转体再向左转体，左右摇动身体，并保持肩与地面平行，边摇身边两腿屈膝缓慢下蹲，尽量保持上身中正；同时，两手臂下垂随着摇身自然摆动，目视前方，这个过程为呼气。（图3-535～图3-537）

图3-535

图3-536

图3-537

②接上势不停。头先向上领劲，继续以腰椎为轴，以肩领劲左右摇动身体，边摇身边缓慢起身站立，并使身体向上拔起，提踵、脚掌着地，上身中正；同时，两手臂下垂随着摇身自然摆动，目视前方，站立的过程为吸气。（图3-538、图3-539）

图3-538

图3-539

③接上势不停。站立上拔瞬间做抖水动作，从头到脚全身抖动，肩、臂、肘、手也瞬间抖动，抖动结束后，身体自然下沉，全脚着地站立，恢复成自然状态，目视前方，这个过程为呼气。（图3-540、图3-541）

图3-540

图3-541

18. 抖翎飞翔左式

【歌诀】

起吸落呼吐纳功，以肩带臂放心情。

疏通经络气血畅，提膝前迈周身松。

【动作图解】

①接上式。头向上领劲，身体上拔，保持中正，右脚原地不动，左腿屈腿向上提膝，使大腿与地面平行，脚尖自然下垂，收腹提肛；同时，两手臂从下经腹胸前交叉向上缓慢掤起，两手经过头顶上方向左右缓慢舒展划弧，手心向下，目视前方，这个过程为缓慢吸气。（图3-542）

图3-542

②接上势不停。右脚原地不动，左脚向前迈进，脚跟先着地，重心前移，身体下沉，上身微前倾，松腰坐胯，随后左脚踏实，重心再前移，两腿屈膝下蹲，右小腿与地面平行，脚掌着地；同时，两手臂从上向下落至左脚踝两侧，手心向内，松腹松肛，目视前方，这个过程为缓慢呼气。（图3-543、图3-544）

图3-543

图3-544

③接上势不停。头向上领劲，向上起身，保持中正，重心移到左脚上，右腿屈膝向上提膝，使大腿与地面平行，脚尖自然下垂，收腹提肛；同时，两手臂从下向左右舒展向上缓慢抬起划弧，高不过头，手心向下，目视前方，这个过程为缓慢吸气。（图3-545）

图3-545

④接上势不停。左脚原地不动，右脚向前迈进，脚跟先着地，重心前移，身体下沉，上身微前倾，松腰坐胯，随后右脚踏实，重心再前移，两腿屈膝下蹲，左小腿与地面平行，脚掌着地；同时，两手臂从上向下落至右脚踝两侧，手心向内，松腹松肛，目视前方，这个过程为缓慢呼气。（图3-546、图3-547）

图3-546

图3-547

⑤接上势不停。头向上领劲，向上起身，保持中正，重心移到右脚上，左腿屈膝向上提膝，使大腿与地面平行，脚尖自然下垂，收腹提肛；同时，两手臂从下向左右舒展向上缓慢抬起划弧，高不过头，手心向下，目视前方，这个过程为缓慢吸气。（图3-548）

图3-548

⑥接上势不停。右脚原地不动，左脚向前迈进，脚跟先着地，重心前移，身体下沉，上身微前倾，松腰坐胯，随后左脚踏实，重心再前移，两腿屈膝下蹲，右小腿与地面平行，脚掌着地；同时，两手臂从上向下落至左脚踝两侧，手心向内，松腹松肛，目视前方，这个过程为缓慢呼气。（图3–549、图3–550）

图3－549

图3－550

以上动作，向前连续迈3步，身体上下起伏3次，两手臂也上下起落3次，手腕关节、肘关节、肩关节要灵活。

19. 降落岩石左式

【歌诀】

虚领顶劲上引体，起吸落呼逆呼吸。

调理三焦身强健，意守气海增肺气。

【动作图解】

①接上式。向上缓慢起身站立，重心移至左脚，右脚向前迈步与左脚平行、与肩同宽；随即身体向上拔起，上身中正，虚领顶劲，收腹提肛；同时，两手随着起身缓慢下落垂于两胯旁，随后两手臂在腹前交叉、从下向上经胸前缓慢向上划弧至头顶上方，再向左右缓慢舒展分开与肩同宽，指尖向上，手背相对，手心向外，目视前方，这个过程为缓慢吸气。（图3–551～图3–553）

图3-551

图3-552

图3-553

②接上势不停。全脚踏实，原地不动，两腿屈膝缓慢下蹲，上身保持中正；同时，两臂从上向下左右缓慢舒展划弧下落至脚踝两侧，手心向内，指尖向下，目视前方，这个过程为缓慢呼气。（图3-554、图3-555）

图3-554

图3-555

③接上势不停。百会上领，起身站立，虚领顶劲，身体向上提踵拔起，两脚跟离地，两脚掌着地，收腹提肛；同时，两手臂向左右缓慢舒展，从下向上缓慢划弧至头顶上方，指尖向上，手背相对，手心向外，目视前方，这个过程为缓慢吸气。（图3-556）

以上屈膝下蹲、起身站立上拔连续重复做3次，即身体起落3次，两手臂也随身体上下起落、左右舒展缓慢划弧3次。

图3-556

20.抖翎飞翔右式

【歌诀】

起吸落呼吐纳功，以肩带臂放心情。

疏通经络气血畅，提膝前迈周身松。

图3-557

图3-558

【动作图解】

①接上式。落身站立，两手臂下落于两胯旁，重心移至右脚，左脚内扣，右脚外摆向右转身180°，保持中正，随后右腿屈膝提起，使大腿与地面平行，脚尖自然下垂，收腹提肛；同时，两手臂在腹前交叉，从下经腹胸向上缓慢掤起，两手经过头顶上方向左右缓慢舒展划弧，手心向下，目视前方，这个过程为缓慢吸气。（图3-557～图3-559、图3-559附图）

图3-559

图3-559附图

②接上势不停。左脚原地不动，右脚向前迈进，脚跟先着地，重心前移，身体下沉，上身微前倾，松腰坐胯，随后右脚踏实，重心再前移，两腿屈膝下蹲，左小腿与地面平行，脚掌着地；同时，两手臂从上向下落至右脚踝两侧，手心向内，松腹松肛，目视前方，这个过程为缓慢呼气。（图3-560、图3-561）

图3-560

图3-561

③接上势不停。头向上领劲，向上起身，保持中正，重心移到右脚，左腿屈膝向上提，使大腿与地面平行，脚尖自然下垂，收腹提肛；同时，两手臂从下向左右舒展、向上缓慢抬起划弧，高不过头，手心向下，目视前方，这个过程为缓慢吸气。（图3-562、图3-562附图）

图3-562

图3-562附图

④接上势不停。右脚原地不动，左脚向前迈进，脚跟先着地，重心前移，身体下沉，上身微前倾，松腰坐胯，随后左脚踏实，重心再前移，两腿屈膝下蹲，右小腿与地面平行，脚掌着地；同时，两手臂从上向下落至左脚踝两侧，手心向内，松腹松肛，目视前方，这个过程为缓慢呼气。（图3-563、图3-563附图、图3-564、图3-564附图）

图3-563

图3-563附图

图3－564

图3－564附图

⑤接上势不停。头向上领劲，向上起身，保持中正，重心移至左脚，右腿屈膝向上提，使大腿与地面平行，脚尖自然下垂，收腹提肛；同时，两手臂从下向左右舒展、向上缓慢抬起划弧，高不过头，手心向下，目视前方，这个过程为缓慢吸气。（图3–565、图3–565附图）

图3－565

图3－565附图

⑥接上势不停。左脚原地不动，右脚向前迈进，脚跟先着地，重心前移，身体下沉，上身微前倾，松腰坐胯，随后右脚踏实，重心再前移，两腿屈膝下蹲，左小腿与地面平行，脚掌着地；同时，两手臂从上向下落至右脚踝两侧，手心向内，松腹松肛，目视前方，这个过程为缓慢呼气。（图3–566、图3–567）

以上动作，向前连续迈3步，身体上下起伏3次，两手臂也上下起落3次，手腕关节、肘关节、肩关节要灵活。

图3-566

图3-567

21. 降落岩石右式

【歌诀】

虚领顶劲上引体，起吸落呼逆呼吸。

调理三焦身强健，意守气海增肺气。

【动作图解】

①接上式。向上起身，重心后移至左脚，右脚以脚跟为轴脚掌外摆，向右转身180°，接着左脚随转身向前迈步与右脚保持平行，两脚与肩同宽，随即身体向上拔起，虚领顶劲，保持上身中正；同时，两手缓慢下落垂于两胯旁，随即手臂在腹前交叉，从下向上经胸前缓慢向上划弧至头顶上方，再向左右缓慢舒展分开与肩同宽，指尖向上，手背相对，手心向外，目视前方，这个过程为缓慢吸气。（图3-568～图3-570）

图3-568

图3-569

图3-570

②接上势不停。全脚踏实，原地不动，两腿屈膝缓慢下蹲，上身保持中正；同时，两手臂从上向下缓慢舒展划弧，下落至脚踝两侧，手心向内，指尖向下，目视前方，这个过程为缓慢呼气。（图3–571、图3–572）

图3–571

图3–572

③接上势不停。百会上领，起身站立，虚领顶劲，两脚跟离地，两脚掌着地，提踵拔起，收腹提肛；同时，两手臂从下向上缓慢舒展划弧至头顶上方，指尖向上，手背相对，目视前方，这个过程为缓慢吸气。（图3–573）

以上屈膝下蹲、起身站立上拔连续重复做3次，即身体起落3次，两手臂随身体上下起落左右舒展缓慢划弧3次。

图3–573

22. 飞鹤盘旋

【歌诀】

翱翔姿势分两种，四肢身法各不同。
练习注意把细节，动作要领要分清。
左飞提膝跟着地，起伏吸呼缓步行。
右飞手臂如扁担，脚掌着地疾步行。

（1）飞鹤盘旋左式

【动作图解】

①接上式。落身站立，两手臂下落于两胯旁，两脚原地不动，重心移至左脚，右脚以脚跟为轴内扣，接着重心再移到右脚，左脚以脚跟为轴外摆，向左转身90°，上身中正。随环视目视左方，自然呼吸。（图3-574～图3-576）

图3-574

图3-575

图3-576

②接上势不停。向上拔身，收腹提肛，左腿屈膝缓慢提起，大腿与地面平行，脚尖自然下垂；同时，两手臂在腹前交叉，从下经胸前向上缓慢掤起划弧至头顶上方，再左右舒展伸直平分，指尖向上，手背相对，两手间距为一头宽，目视左前方，这个过程为缓慢吸气。（图3-577、图3-578）

图3-577

图3-578

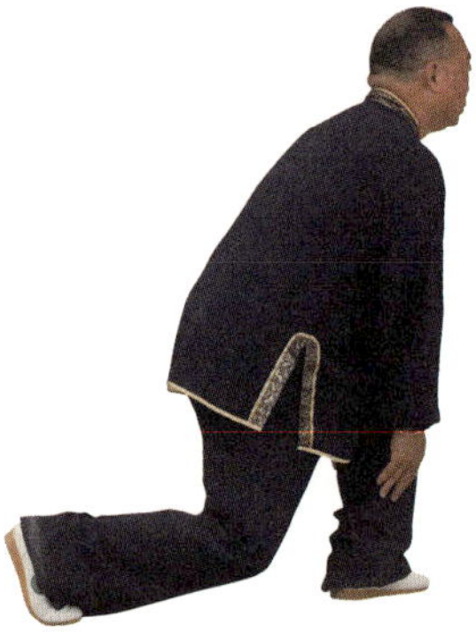

图3-579

③接上势不停。左脚向左前方迈进一步，脚跟先着地，随即重心前下移，身体下落，松腰坐胯，松腹松肛，左脚踏实，脚尖外摆，右腿屈膝，右小腿与地面平行，前脚掌着地成左弓步；同时，两手臂缓慢下落至左小腿两侧，手心向内，目视左前方，这个过程为缓慢呼气。（图3-579）

④接上势不停。继续重复以上两个动作（起身提膝迈步抬手，落脚，身体重心前下移成弓步，落手），绕行走8步成一周，两手臂随身体上下起伏而做上下缓慢划弧，一步一个起伏，双目环视，起吸落呼。（图3-580～图3-597）

图3-580

图3－581

图3－582

图3－583

图3－584

图3－585

图3－586

图3－587

图3-588

图3-589

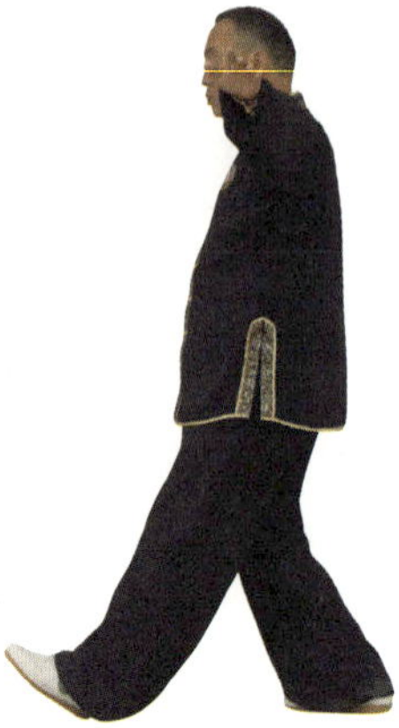
图3-590

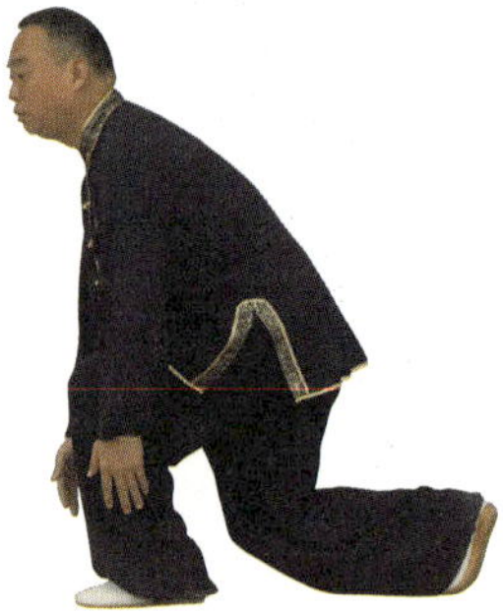
图3-591

图3-592

图3-593

图3-594

图3-595

图3-596

图3-597

⑤接上势不停。迈到第7步左脚着地时，左脚掌调整指向前方；第8步起身站立，右脚向前迈步，右脚先收到左小腿后侧向上提脚跟，再向右侧落脚，落脚时保持两脚平行、与肩同宽；同时，两手在腹前交叉，左手在内，右手在外，从下经胸前向上缓慢掤起划弧，至头顶上方左右分开缓慢下落与肩平，保持两手臂伸展在一条直线，手心向下，目视前方，这个过程为缓慢呼气。（图3-598～图3-600）

图3-598

图3-599

图3-600

（2）飞鹤盘旋右式

【动作图解】

①接上式。重心移至左脚，向右转身体45°，上身中正，右脚尖点地，成右虚步；同时，左手臂向上划弧抬起，手高于头部，右手臂向下落，两手臂用力伸直成一条斜线，手心向下，目视右前方。（图3-601）

图3-601

②接上势不停。身体继续右转，先迈右脚，再迈左脚，绕圈走8步，小步快步走，尽量用前脚掌着地；同时，两手臂用力向左右舒展伸直，力达指尖，保持不变，双目环视一周，以上动作是自然呼吸。（图3-602～图3-608）

图3-602

图3-603

图3-604

图3－605

图3－606

图3－607

③接上势不停。迈到第7步右脚着地时，右脚掌调整指向前方；第8步起身站立，左脚向前迈步，左脚先收到右小腿后侧向上提脚跟，再向左侧落脚，落脚时保持两脚平行、与肩同宽；同时，两手在腹前交叉，右手在外，左手在内，从下经胸前向上缓慢掤起划弧，至头顶上方左右分开缓慢下落至两胯旁，手心向内，指尖向下，目视前方，双手向上划弧为缓慢吸气，向下划弧为缓慢呼气。（图3–609～图3–611）

图3－608

图3－609

图3－610

图3－611

23. 白鹤宿巢

【歌诀】

转体盖步盘腿坐，身躯中正臂起落。

起吸落呼意气海，宿巢意收肺安乐。

（1）白鹤宿巢左式

【动作图解】

①接上式。重心移至左脚，以右脚跟为轴，右脚掌内扣，身体左转90°，向左环视，上身中正，重心再移到右脚，左脚以前脚掌为轴调整脚尖向左方，随即左腿提膝，向右腿前盖步落脚成交叉步站立；同时，两手臂在腹前交叉，左手在内，右手在外，从下向上经胸前向上掤起缓慢划弧至头顶上方，再经头上方向身体左右两侧缓慢划弧，手背相对，两手间距为一头宽，目视前方，这个过程为缓慢吸气。（图3-612、图3-613、图3-613附图）

图3-612

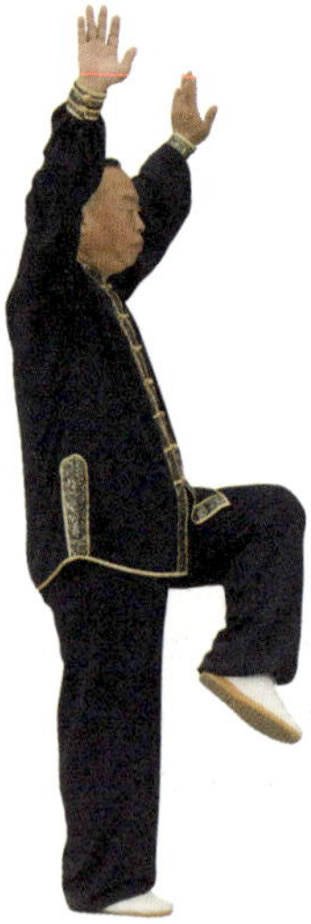

图3-613

图3-613附图

②接上势不停。两腿屈膝缓慢下蹲，重心在右脚，左脚尖外展，脚心向下成左歇步，上身保持中正；同时，两手臂向左右两侧缓慢下落划弧落至两胯旁，手心向内，指尖向下，目视前方，这个过程为缓慢呼气。（图3–614、图3–614附图）

图3–614

图3–614附图

③接上势不停。向上起身，中正站立，重心移至左脚，以左脚掌为轴，身体左转180°，右腿屈腿提膝，右脚向左腿前盖步落脚，成交叉步站立；同时，两手臂在腹前交叉，左手在内，右手在外，从下向上经胸前向上掤起缓慢划弧至头顶上方，再经头上方向身体左右两侧缓慢划弧，手背相对，两手间距为一头宽，双目随转体环视后再平视前方，这个过程为缓慢吸气。（图3–615、图3–616、图3–616附图）

图3–615

图3–616

图3–616附图

图3-617

图3-617附图

④接上势不停。两腿屈膝缓慢下蹲，重心在左脚，右脚尖外展，脚心向下成右歇步，上身保持中正；同时，两手臂向左右两侧缓慢下落划弧落至两胯旁，手心向内，指尖向下，目视前方，这个过程为缓慢呼气。（图3-617、图3-617附图）

⑤接上势不停。向上起身，以脚掌为轴，身体左转90°，保持上身中正，身体重心移至右脚，左腿屈膝提起，左脚先收到右小腿后侧向上提脚后跟，脚尖向下，再向左侧落脚，两脚平行、与肩同宽；同时，两手臂在腹前交叉，左手在内，右手在外，从下向上经胸前向上掤起缓慢划弧至头顶上方，手背相对，两手间距为一肩宽，再经头顶上方向身体左右两侧缓慢划弧，目视前方，这个过程为缓慢吸气。（图3-618～图3-620）

图3-618

图3-619

图3-620

⑥接上势不停。两脚原地不动，中正站立，两手臂向左右两侧缓慢下落划弧落至两胯旁，手心向内，指尖向下，目视前方，这个过程为缓慢呼气。（图3-621）

图3-621

（2）白鹤宿巢右式

【动作图解】

①接上式。重心移至右脚，以左脚跟为轴，左脚掌内扣，身体右转90°，向右环视，上身中正，重心再移至左脚，右脚以前脚掌为轴调整脚尖向右方，随即右腿提膝，向左腿前盖步落脚成交叉步站立；同时，两手臂在腹前交叉，左手在内，右手在外，从下向上经胸前向上掤起缓慢划弧至头顶上方，再经头上方向身体左右两侧缓慢划弧，手背相对，两手间距为一头宽，目视前方，这个过程为缓慢吸气。（图3-622、图3-623）

图3-622

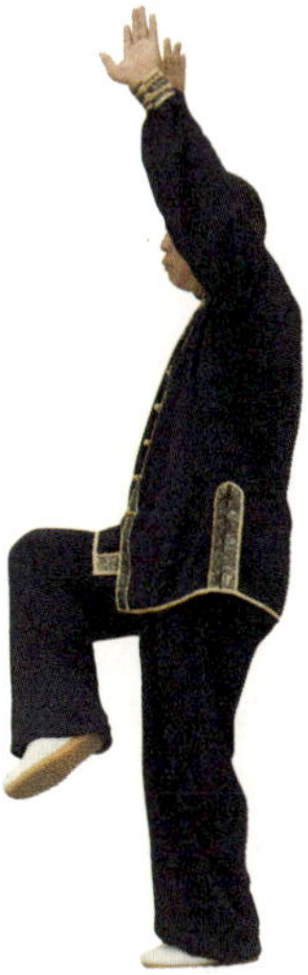

图3-623

②接上势不停。两腿屈膝缓慢下蹲，重心在左脚，右脚尖外展，脚心向下成右歇步，上身保持中正；同时，两手臂向左右两侧缓慢下落划弧落至两胯旁，手心向内，指尖向下，目视前方，这个过程为缓慢呼气。（图3-624）

图3-624

图3-625

图3-626

③接上势不停。向上起身，中正站立，重心移至右脚，以右脚掌为轴，身体右转180°，左腿屈腿提膝，左脚向右腿前盖步落脚，成交叉步站立；同时，两手臂在腹前交叉，左手在内，右手在外，从下向上经胸前向上掤起缓慢划弧至头顶上方，再经头上方向身体左右两侧缓慢划弧，手背相对，两手间距为一头宽，双目随转体环视后再平视前方，这个过程为缓慢吸气。（图3-625、图3-626）

④接上势不停。两腿屈膝缓慢下蹲，重心在右脚，左脚尖外展，脚心向下成左歇步，上身保持中正；同时，两手臂向左右两侧缓慢下落划弧落至两胯旁，手心向内，指尖向下，目视前方，这个过程为缓慢呼气。（图3-627）

图3-627

⑤接上势不停。向上起身，以脚掌为轴，身体右转90°，保持上身中正，身体重心移至左脚，随即右腿屈膝提起，右脚先收到左小腿后侧向上提脚后跟，脚尖向下，再向右侧落脚，两脚平行、与肩同宽；同时，两手臂在腹前交叉，左手在外，右手在内，从下向上经胸前向上挒起缓慢划弧至头顶上方，手背相对，两手间距为与肩同宽，再经头上方向身体左右两侧缓慢划弧，目视前方，这个过程为缓慢吸气。（图3-628～图3-630）

图3-628

图3-629

图3-630

⑥接上势不停。两脚原地不动，中正站立，两手臂向左右两侧缓慢下落划弧落至两胯旁，手心向内，指尖向下，目视前方，这个过程为缓慢呼气。（图3-631）

图3-631

24. 引气归原及收势

（1）引气归原

【歌诀】

自然站立双臂起，起吸落呼调神气。
引气归原丹田溢，调息调心调身体。

【动作图解】

①接上式。两脚原地不动，保持与肩同宽，自然站立，上身保持中正；同时，两手外旋向左右两侧舒展打开，从下向上缓慢抬起至头顶上方，手心相对为合抱掌，目视前方，这个过程为吸气。（图3-632～图3-634）

图3-632

图3-633

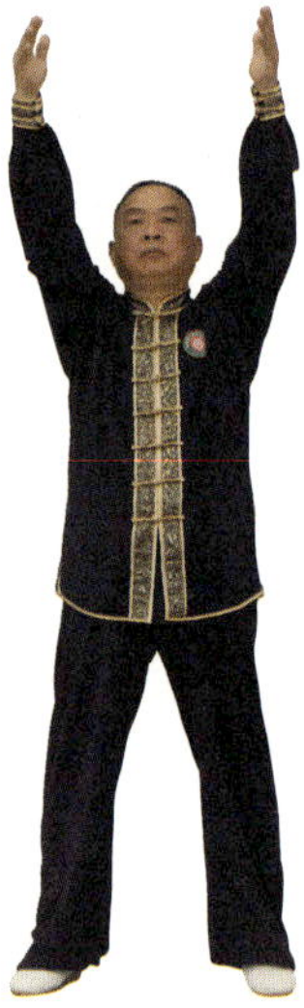
图3-634

②接上势不停。两脚原地不动，自然站立，两臂屈肘，两手从头上方屈肘向下落，经胸前两手指尖相对，沿体前缓慢下按至腹前下沉手腕，再松腕，手继续下落至两胯旁，指尖向下，手心向里，两臂自然下垂，目视前方。（图3-635～图3-637）

以上动作连续做3次。

图3-635

图3-636

图3-637

图3-638

图3-639

（2）收势

①搓手：两脚原地不动，两手向胸前合掌，用力搓手，至手心发热。（图3-638）

②浴面（干洗脸）：两脚原地不动，两手贴面部，上下搓面6～9遍。（图3-639）

图3-640

③干梳头：两脚原地不动，两手为虎爪，十指用力梳理头发，对头部按摩，从前向后6～9遍。（图3-640）

④捶腰：两脚原地不动，两手攥空拳，捶打腰部9次以上。（图3-641、图3-641附图）

图3-641

图3-641附图

图3-642

图3-643

⑤击腹：两脚原地不动，两手为虎爪，用指尖敲打小腹部9次以上（丹田周围）。（图3-642）

⑥两脚原地不动，两手向腹前拢气，叠加于腹前，男为左手在内、右手在外；女为右手在内、左手在外。（图3-643）

⑦左脚向右脚靠拢，两手自然下落至两胯。（图3-644）

以上动作与呼吸配合均为自然呼吸，目视前方。

图3-644

附录　人体经络穴位图

手太阴肺经

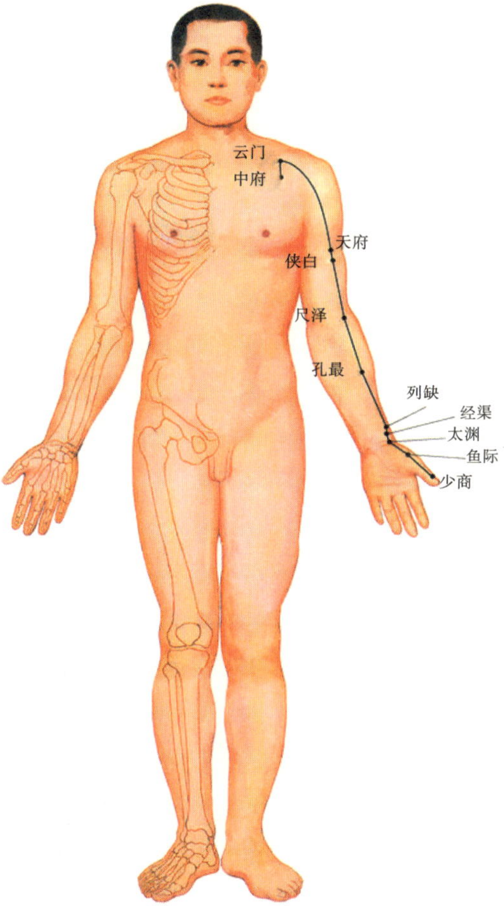

手太阴肺经预防及主治的疾病

呼吸道疾病：各种急慢性气管炎、支气管炎、哮喘、咳嗽、咳血、胸痛。

头面疾病：急慢性扁桃体炎、急慢性咽炎、咽痛、鼻炎、流鼻血。

其他：经脉所过的关节屈伸障碍、肌肉疼。

手阳明大肠经

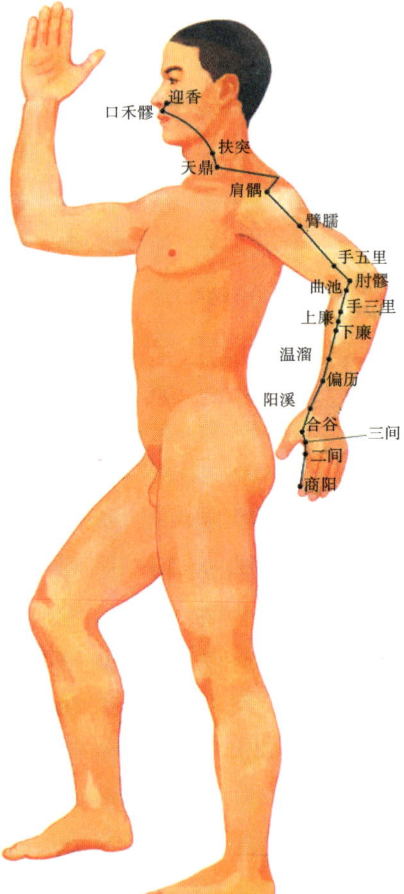

手阳明大肠经预防及主治的疾病

呼吸道疾病：感冒、支气管炎、发烧、头疼、咳嗽。

头面疾病：头疼、面神经炎、面肌痉挛、面瘫、牙疼、麦粒肿、结膜炎、角膜炎、耳鸣、耳聋、三叉神经痛、鼻炎、鼻塞。

其他：颈椎病、皮肤瘙痒、神经性皮炎、荨麻疹、经脉所过的关节活动障碍。

足阳明胃经

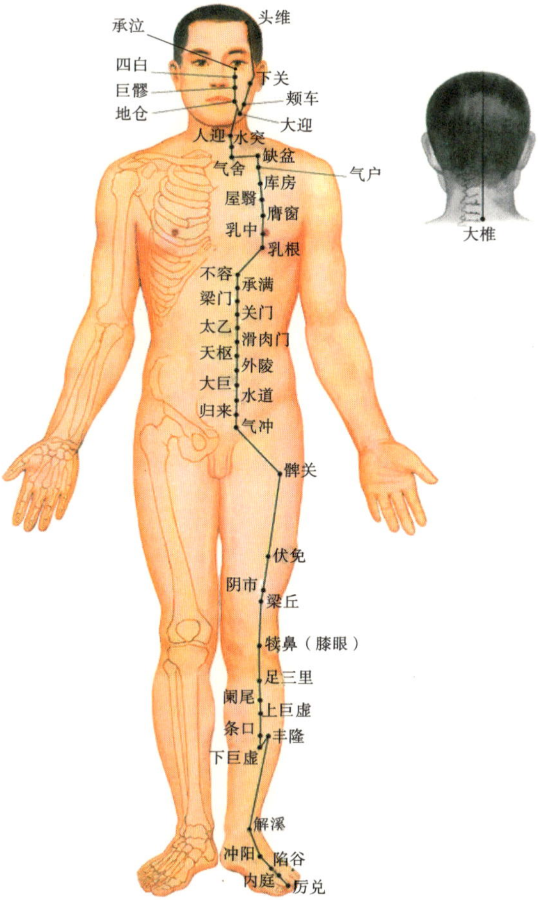

足阳明胃经预防及主治的疾病

胃肠道疾病：小儿腹泻、胃胀、胃疼、胃下垂、急性胃痉挛、胃炎、胃神经官能症、胃及十二指肠溃疡、消化不良、食欲不振、便秘、泄泻、痢疾、胃肠蠕动过慢。

头面疾病：痤疮、黄褐斑、头痛、眼痛、牙疼、面神经麻痹、腮腺炎、咽炎。

其他：中风偏瘫后遗症、慢性阑尾炎、乳腺增生、白细胞减少症、经脉所过的关节肌肉病。

足太阴脾经

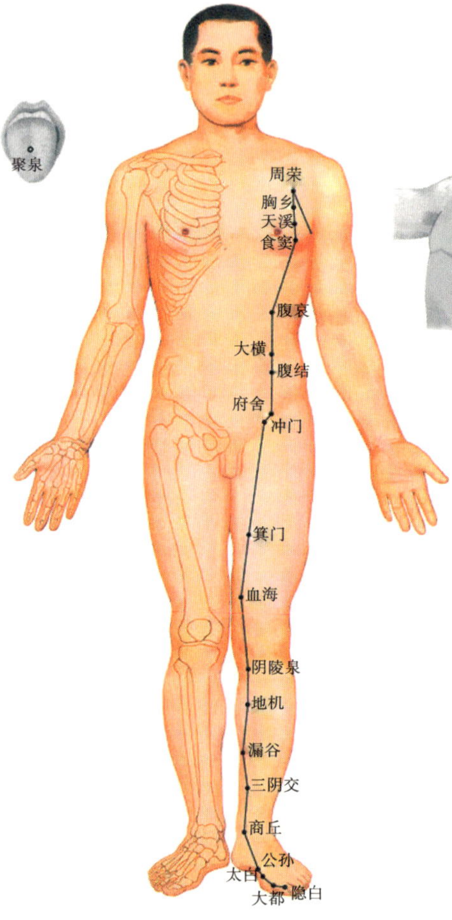

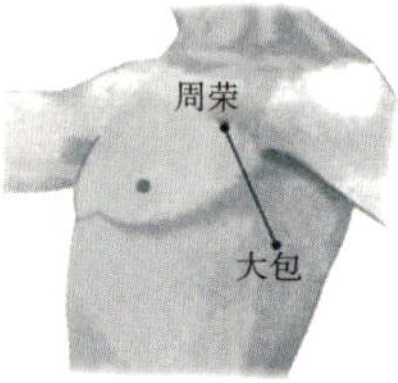

足太阴脾经预防及主治的疾病

消化系统疾病：消化不良、泄泻、痢疾、便秘。

妇科病：痛经、月经不调、闭经、月经提前或错后、盆腔炎、附件炎。

男科：急慢性前列腺炎、水肿。

其他：周身不明原因疼痛、关节炎、经脉所过的肌肉软组织疾病。

手少阴心经

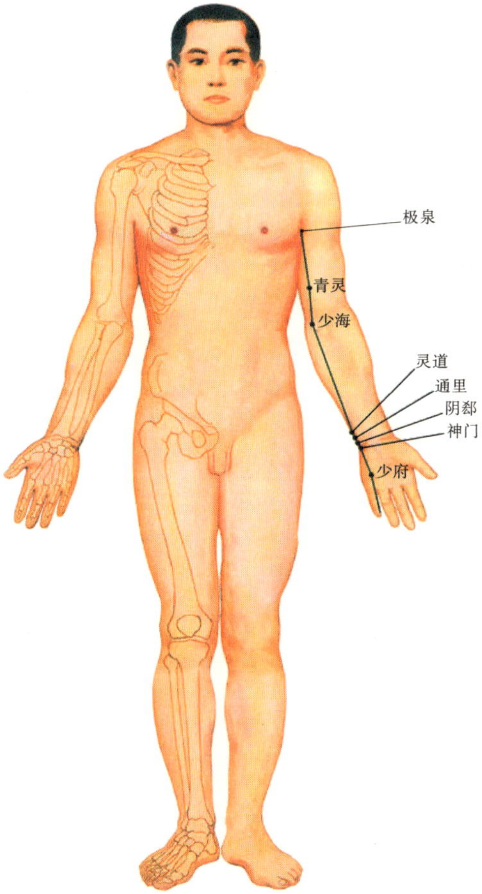

手少阴心经预防及主治的疾病

心血管疾病：冠心病、心绞痛、心动过缓、心动过速、心肌缺血、心慌。

精神疾病：失眠健忘、神经衰弱、精神分裂、癫痫、神经官能症。

其他：经脉所过的肌肉痛、肋间神经痛。

手太阳小肠经

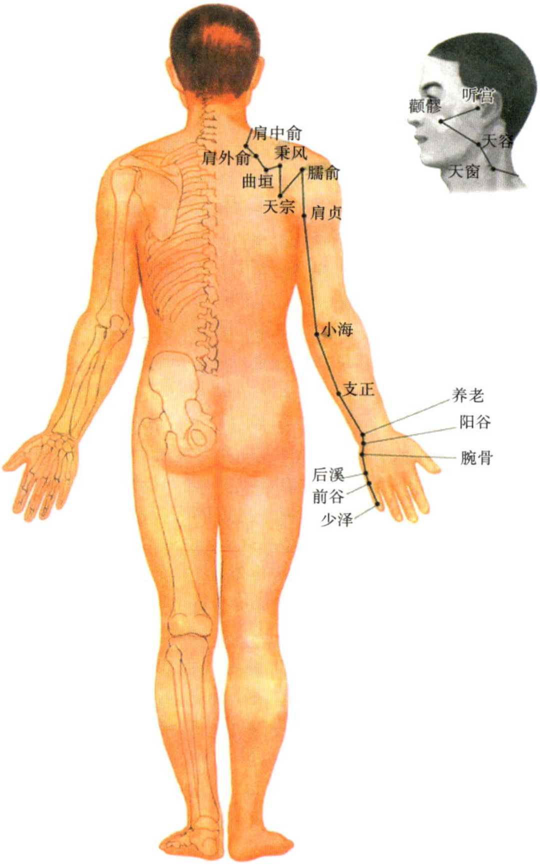

手太阳小肠经预防及主治的疾病

五官疾病：咽痛、眼痛、耳鸣耳聋、中耳炎、腮腺炎、扁桃体炎、角膜炎、头痛。

其他：腰扭伤、肩痛、落枕、失眠、癫痫、经脉所过关节肌肉痛。

足太阳膀胱经

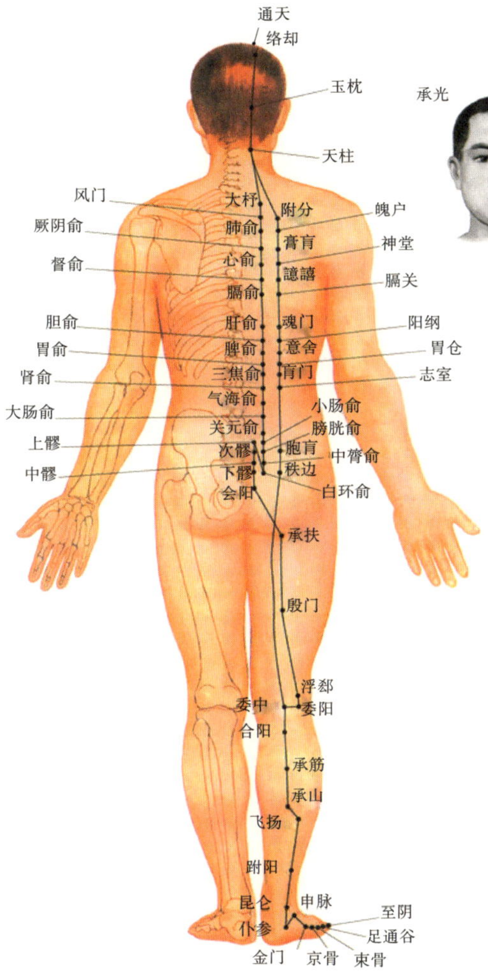

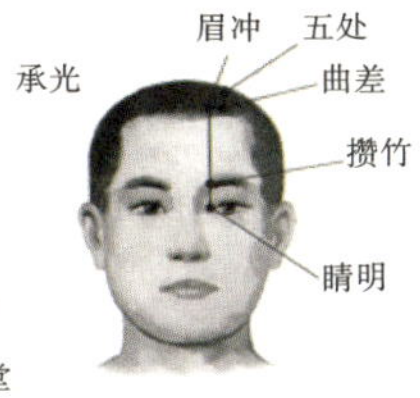

足太阳膀胱经预防及主治的疾病

呼吸系统疾病：感冒、发烧、各种急慢性支气管炎、咳嗽、肺炎。

消化系统疾病：消化不良、腹痛、痢疾、胃及十二指肠溃疡、胃下垂、急慢性胃肠炎、肝炎、胆囊炎。

泌尿生殖系统疾病：肾炎、阳痿、睾丸炎、闭经、月经不调、痛经、盆腔炎、附件炎。

其他：失眠、腰背痛、坐骨神经痛、中风后遗症、关节炎、经脉所过的肌肉痛。

足少阴肾经

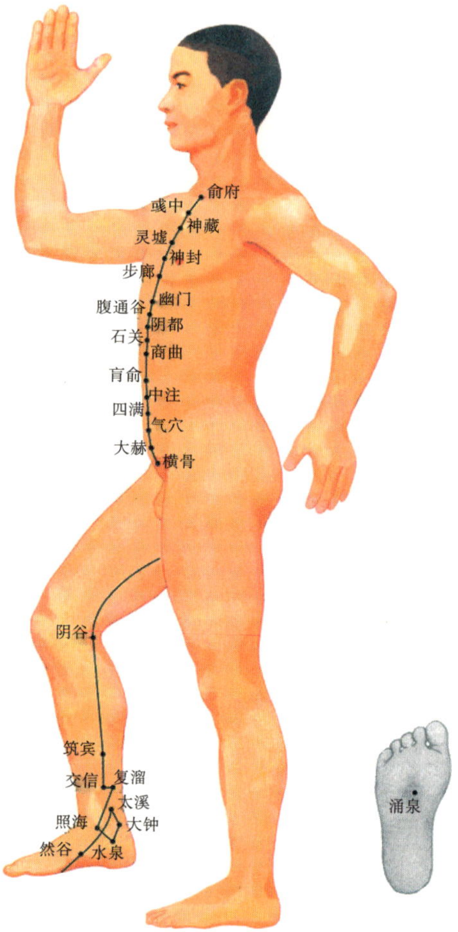

足少阴肾经预防及主治的疾病

泌尿生殖系统疾病：急慢性前列腺炎、阳痿、早泄、遗精、术后尿潴留、睾丸炎、痛经、月经不调、盆腔炎、附件炎、胎位不正、各种肾炎、水肿。

头面疾病：头痛、牙痛。

其他：消化不良、泄泻、耳鸣耳聋、腰痛、中风、休克、经脉所过的各种关节肌肉软组织病。

手厥阴心包经

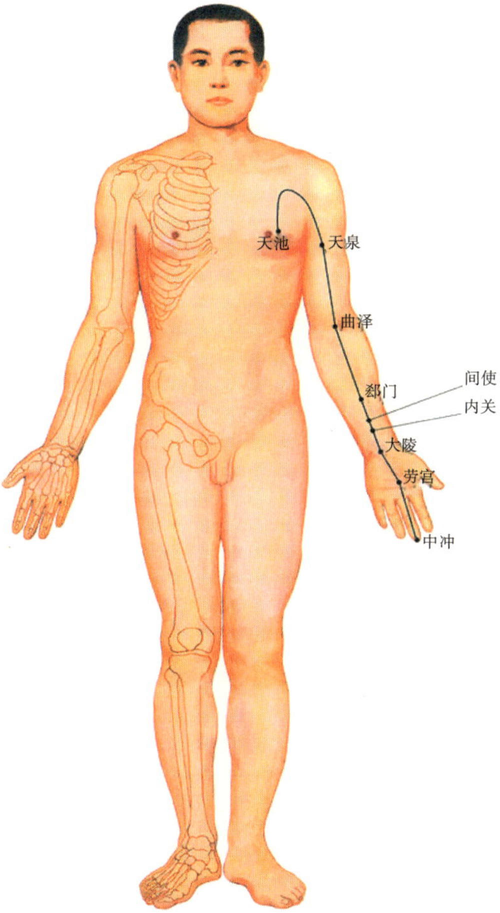

手厥阴心包经预防及主治的疾病

心血管系统疾病：心慌、心动过缓、心动过速、心绞痛、心肌缺血、胸闷。

其他：恶心、呕吐、抑郁症、中暑、休克、小儿惊风、胃痛胃胀、经脉所过的关节肌肉痛。

手少阳三焦经

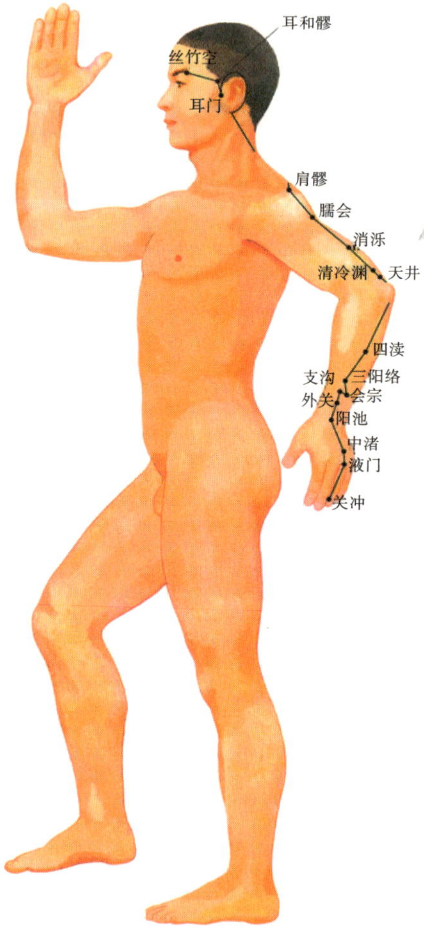

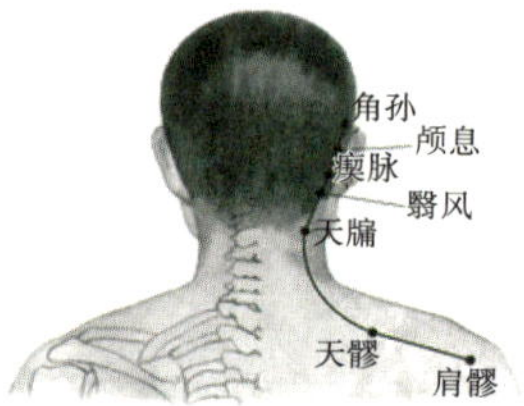

手少阳三焦经预防及主治的疾病

五官疾病：耳鸣耳聋、腮腺炎、偏头痛、面神经炎、面肌痉挛。

其他：肋间神经痛、便秘、感冒、中风后遗症、肘关节屈伸不利、经脉所过的关节和肌肉软组织病。

足少阳胆经

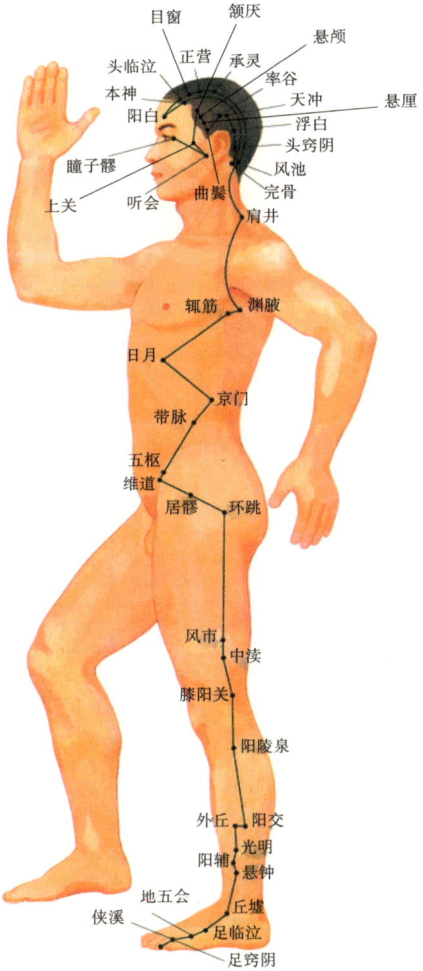

足少阳胆经预防及主治的疾病

肝胆疾病：急慢性胆囊炎、胆绞痛、各种慢性肝炎。

头面五官疾病：头昏、偏头痛、面神经炎、面神经麻痹、耳鸣、耳聋、近视。

其他：感冒、发热、咽喉肿痛、肋下疼、经脉所过处的肌肉疼。

足厥阴肝经

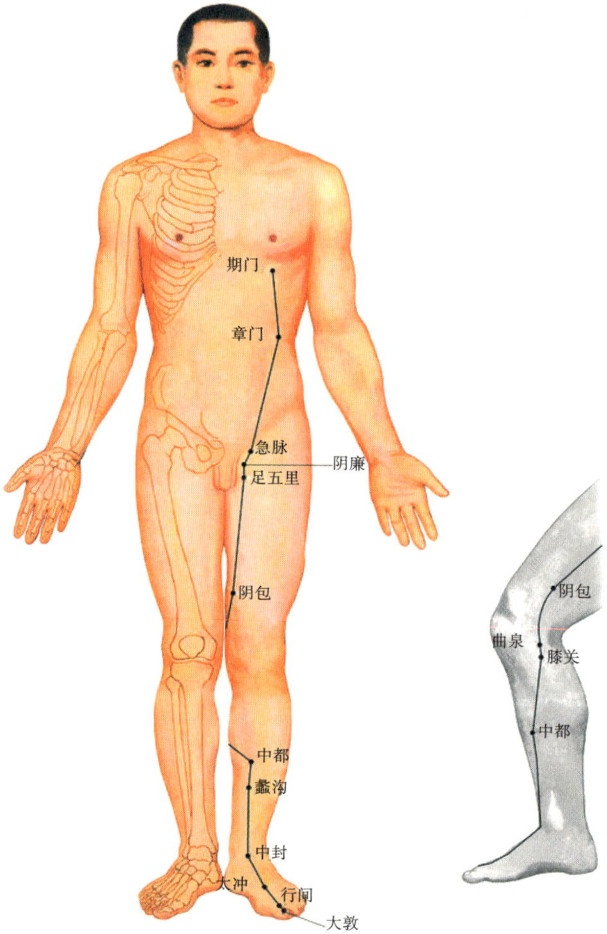

足厥阴肝经预防及主治的疾病

生殖系统疾病：痛经、闭经、月经不调、盆腔炎、前列腺炎、疝气。

肝胆疾病：各种急慢性肝炎、急慢性胆囊炎、肝脾肿大、抑郁症。

其他：头顶痛、头晕眼花、各种眩晕、癫痫、胃痛等。

任脉

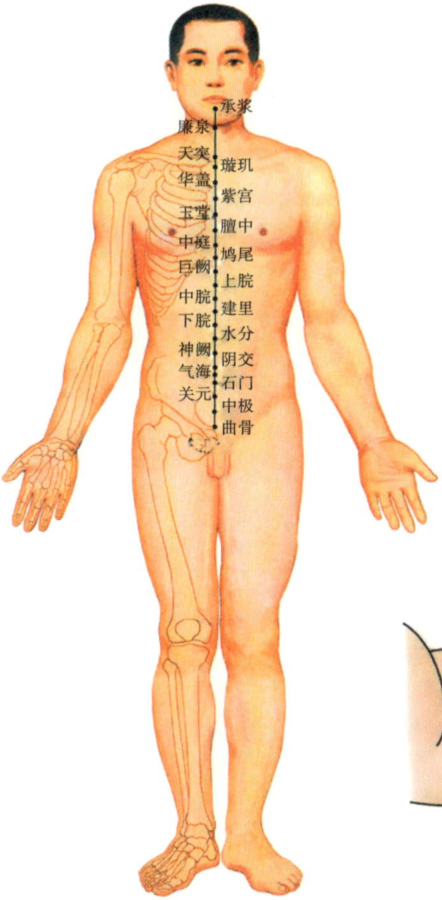

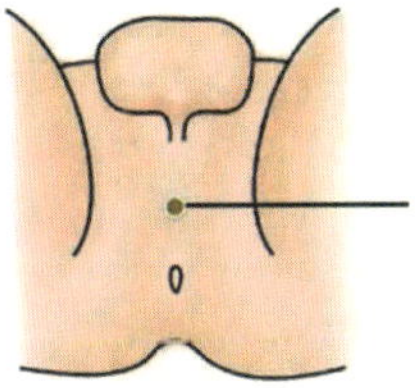

任脉预防及主治的疾病

泌尿生殖系统疾病：前列腺炎、阳痿、早泄、盆腔炎、附件炎、白带病。

消化系统疾病：胃痛、消化不良、胃溃疡。

其他：失眠、胸闷气短、腰痛。

督脉

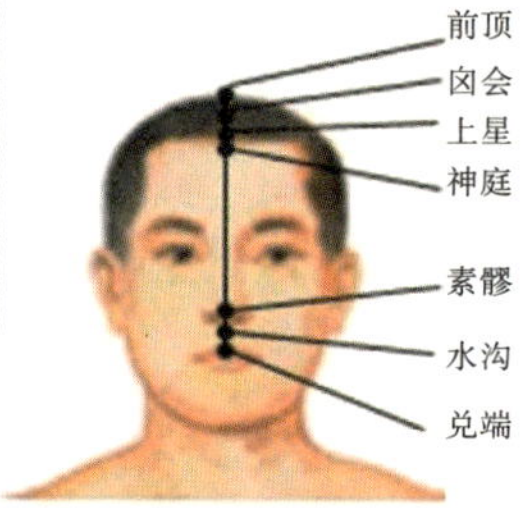

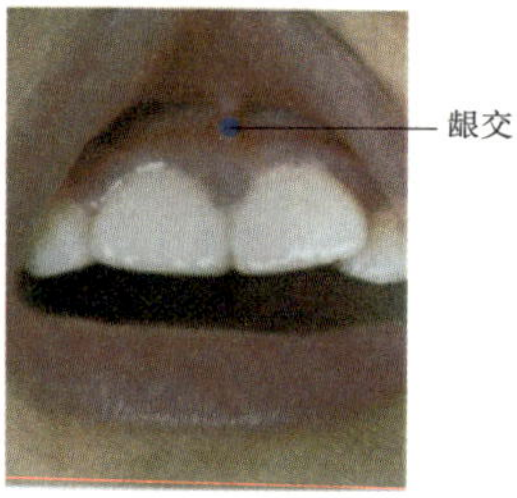

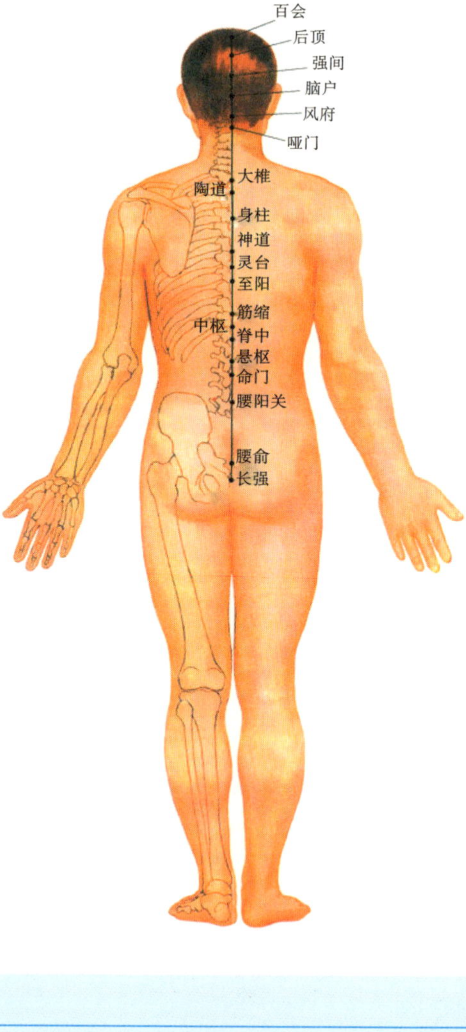

督脉预防及主治的疾病

脊柱疾病：腰肌劳损、腰椎间盘突出、强直性脊柱炎、颈椎病。

其他：小儿消化不良、头痛、发烧、中风、脱肛、失眠多梦、记忆力减退、退行性关节炎、胆囊炎。

后 记

我对《华佗五禽戏标准教程（54式）》的整理工作终于告一段落了，下一步我还要撰写《华佗五禽戏标准教程（13式）》《华佗五禽戏标准教程（26式）》等书，工作任重而道远。我不是养生方面的专才，只是出于对中国传统养生文化的爱好。我从小喜欢武术，对传统华佗五禽戏养生尤其热爱，在练习过程中，我虚心向各门派老前辈求教，阅读和研究了大量关于养生的书籍，掌握了科学的锻炼方法。1990年春，我拜华佗五禽戏第57代传人董文焕先生为师学习华佗五禽戏，30多年从未间断，由于我苦学苦练并代师授徒，倍受恩师的褒奖。2005年，我和恩师及同门师兄弟发起组建了中国第一家华佗五禽戏专业俱乐部——亳州市传统华佗五禽戏俱乐部。俱乐部成立后，我被恩师任命为俱乐部顾问，为华佗五禽戏的传承与发展打造平台。2007年，我书面向时任亳州市委书记邵国荷建言，在全市开展华佗五禽戏“五进活动”（进学校、进企业、进机关、进社区、进农村）被采纳，2008年“五进活动”被写入政府工作报告。2008年，建立“中国五禽戏养生网”（www.wqxys.cn），并在网络平台进行宣传和推广。2009年9月29日，经亳州市体育局和亳州市武术协会领导同意和鉴证下，我从董文焕恩师手中接过“衣钵”，成为华佗五禽戏第58代传承人和掌门人。我深知自己的责任和使命，从此致力于华佗五禽戏的挖掘整理、传承保护、推广普及等工作。我在工作的实践中总结出“1126”工作法，即高举“一面旗帜”（非物质文化遗产这面旗帜），坚持“一个方针”（百花齐放、百家争鸣的方针），唱响“二个老人”（神医华佗和第57代传承人、掌门人董文焕先生），做到“六个起来”（练起来、舞起来、赛起来、谈起来、拍起来、唱起来）。在多方支持下，华佗五禽戏普及推广工作开展得有声有色，多次受到当地政府部门的表彰。2015年3月，俱乐部被安徽省文化厅命名为“安徽省非物质文化遗产传习基地”；2018年，俱乐部被亳州市民政局评为“AAAAA”级社会组织；2021年12月，俱乐部被安徽省文化和旅游厅命名为“安徽省非物质文化遗产传承基地（华佗五禽戏）”。

我在为华佗五禽戏申报非物质文化遗产方面做了大量的工作。2009年，在恩师董文焕先生授权下，我收集整理了大量的华佗五禽戏资料，参与编写申报华佗五禽戏国家级非物质文化遗产文本，经不懈努力，在各级党委和政府的重视和支持下，华佗五禽戏于2011年5月被国务院批准为国家级非物质文化遗产，恩师也于2012年被文化部命名为国家级非物质文化遗产代表性传承人。2015年3月，我被安徽省文化厅命名为省级非物质文化遗产代表性传承人。2012年5月，我牵头发起成立了“亳州市华佗五禽戏协会”，成为华佗五禽戏非遗项目保护单位，我也当选为副主席兼秘书长，2017年当选为协会主席。因为在华佗五禽戏的传承、宣传、培训、交流、比赛、论坛、普及推广方面做了大量的工作，2017年8月，中华人民共和国第13届运动会上亳州市华佗五禽戏协会被国家体育总局评为“2013—2016年度群众体育先进单位”。由于几十年来对华佗五禽戏的传承，我积累了大量文化财富，整理五禽戏方面的资料约有百万字，图片资料几万张，视频资料上万G。

为继承发展千年导引养生术，让中华传统养生文化这一非物质文化遗产发扬光大，使华佗五禽戏科学、规范、健康地传承与发展。2020年12月，我以亳州华佗五禽戏协会的名义，向亳州市文化旅游体育局报告，建议对华佗五禽戏地方标准化工作进行立项。在立项工作中，我亲自担任项目组组长，亲自起草，撰写文本，在保留传统华佗五禽戏原貌的基础上，进行了补充和完善，使华佗五禽戏动作规范化、标准化。经过2021年一年的努力，亳州市市场监督管理局于2021年12月31日按照《标准化法》和《亳州市地方标准管理办法》的要求，正式向社会发布了《国家级非物质文化遗产 华佗五禽戏 标准体系》《国家级非物质文化遗产 华佗五禽戏 54式动作规范》，从此，传承上千年的华佗五禽戏终于有了自己的标准。这个标准的出台，将更加有利于华佗五禽戏的科学、规范普及推广，惠及更多的人。在华佗五禽戏发展史上，具有里程碑意义。

在撰写《华佗五禽戏标准教程（54式）》工作中，亳州市人大常委会主任王玉玺予以鼓励并为本书写序，亳州学院纪委书记监察专员李景彪为本书审稿，原市人大常委会副主任马昭华、二级巡视员刘伟、副秘书长办公室主任苏维峰，亳州市政协主席汤涌、一级巡视员张俊民都给予了很大的关心和支持。亳州市文化旅游体育局局长张秀忠，副局长张焱、黄伟、杨荔，调研员张明、邹云、李军、徐艳球、吴光华、杜东波，科长张树梅、李保明、武伟、段如、邢琴琴、张龙龙等全局同仁都非常关心支持华佗五禽戏的标准化工作。在亳州市非物质文化遗产保护中心主任吴磊、副主任张怡然，亳州市华佗五禽戏协会副主席赵方丽、代志星、吴坤、孙士新、李献华、张淑云、蔡洪勇、孟龙、洪锋、杨欢，协会监事长方俊安，副监事长王伟、怀凯、周琳、汪大兵等各界领导的关心和大力支持下，才使本书得以顺利出版，在此表示衷心的感谢！

在标准化立项、申报工作中，华佗五禽戏59代弟子周鹏程、佟战胜、周易参与起草、评审与校对，做出了大量工作，在此表示衷心的感谢！

在本书的创作过程中，华佗五禽戏第58代同门师兄弟和第59代弟子王伟、怀凯、葛素勤、董超杰、李静、王鹏、赵信、何静、李艳利、齐馨、杨边防、郭红涛、郭雨、孙文德、刘宽宽、赵丹丹、白绍阳、任振雷、魏冰辰、程飞跃、马金龙、王龙海、郑大力、宋东峰、安海龙、史东东、周筠、高亮、刘汇丰、谢荣、董长胜、刘险峰、霍瑞明、张辉、韩涛、蔡思露、孙士新、李海燕、段体军、李东、李文虎、王海帝、王海全、刘家诚、刘晓龙、安庆（贝宁共和国）、王显伟、刘东峰、付滈、康茂伟、吴寒、王玲玲、巩磊、孙慧娟、李静（马来西亚）、沈健、王立果、李登科、谢兰、张竣程、巩曼利、张明守、于亮、王子龙、张登峰、秦国琴、朱运合、吴英、黄传品、李印虎、李文华、陈文彬、张海洋、李卓然、邢欢欢、马尚清、程招兵、高睦麟、寿展鸿、尹晓彤、周月雷、赵素华、程露、何金桥、卫潇玉、张新东、田兵见、王存峰等人给予了大力支持；樊学富、刘玉坤、仵月等人在摄像方面给予了帮助和支持，在此表示衷心的感谢！

由于水平有限，不足之处，在所难免，敬请各位专家、读者指正。

为了方便广大读者学习华佗五禽戏，可以登录“中国五禽戏养生网”（www.wqxys.cn）了解更多华佗五禽戏知识，也可以通过手机、微信、抖音等与作者交流。

作者手机：15856776166（与微信同号）
18656707666（与微信同号）
17398336166（与微信同号）

抖音：wuqinxi
bzhuatuowuqinxi

QQ：391589734

邮箱：zhjinzh@163.com